D1670865

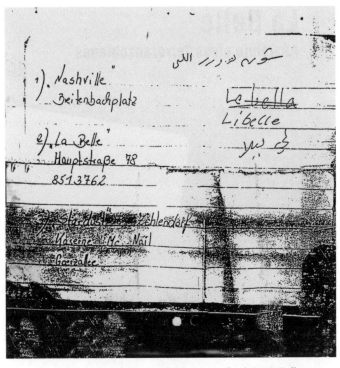

Dieser Zettel wurde bei einem der Attentäter durch DDR-Zöllner am Grenzübergang Friedrichstraße sichergestellt. Er fand sich nach 1989 in den Akten der mit dem Fall befaßten Abteilung des MfS.

Jens Anker
Frank Mangelsdorf

La Belle
Anatomie eines Terroranschlages

Das Neue Berlin

ISBN 3-360-00975-4

© 2002 Das Neue Berlin Verlagsgesellschaft mbH
Rosa-Luxemburg-Straße 39, 10178 Berlin
Alle Nachdrucke sowie Verwertung in Film, Funk und Fernsehen und
auf jeder Art von Bild-, Wort- und Tonträgern sind
honorar- und genehmigungspflichtig. Alle Rechte vorbehalten.
Umschlagentwurf: Peperoni Werbeagentur, Berlin,
unter Verwendung eines dpa-Fotos
Gesamtherstellung: Druckhaus Dresden
Die Bücher des Verlags Das Neue Berlin
erscheinen in der Eulenspiegel Verlagsgruppe.
www.eulenspiegel-verlag.de

Inhalt

Vorwort 6

I. Plan und Tat 8
    Überall Blut 8
    Die Nacht zuvor 16
    Ein Häuflein Gestrauchelter 30
    Das Treffen in Kreuzberg 31

II. Schlag und Gegenschlag 47
    An der Linie des Todes 47
    Die Sphinx von Tripolis 51
    Unruhe im Weißen Haus 64
    Vergeltungspläne 67
    »El Dorado Canyon« 69
    Die ausschwärmende Abschreckung 74

III. Den Tätern auf der Spur 80
    Tummelplatz der Spione 80
    Unternehmen »Kiste« 83
    Mit gepackten Koffern 87
    Ein Überläufer packt aus 90
    Der Prozess 97
    Justiz und Politik 100
    Die Protokoll-Affäre 103
    Schlussworte 112
    Das juristische Finale 131
    Ein fader Nachgeschmack 136
    Anatomie eines Terroranschlages 139

Bibliographie 142
Personenregister 143

Vorwort

In der Nacht zum 5. April 1984 erlangte die Berliner Diskothek »La Belle« tragischen Weltruhm. Drei Menschen verloren ihr Leben, mehr als 200 wurden schwer verletzt, als eine Bombe in der vollbesetzten Diskothek explodierte.

Ein in seiner Heimtücke bis dahin kaum vorstellbarer Anschlag schreckte die Welt auf. Unter den Opfern befanden sich viele amerikanische Soldaten, die als Teil der alliierten Streitkräfte in Berlin stationiert waren.

In den USA war man entsetzt. Das Attentat auf die eigenen Staatsbürger stellte zugleich einen Angriff auf das amerikanische Engagement in der geteilten Stadt dar.

Die außenpolitischen Spannungen zwischen der westlichen und der arabischen Welt verschärften sich. Geheimdienste machten den libyschen Staatschef Muammar Gaddafi für den Anschlag verantwortlich. Neun Tage später bombardierten US-Flugzeuge als Vergeltung Ziele in der libyschen Hauptstadt Tripolis und Benghazi. Als Vergeltung auf die Vergeltung ließen libysche Terroristen zwei Jahre später ein amerikanisches Flugzeug über der schottischen Stadt Lockerbie explodieren.

In einem beispiellosen Verfahren versuchte das Berliner Landgericht vier Jahre lang, den Fall »La Belle« zu lösen. Neben den fünf Angeklagten saß unsichtbar auch das libysche Regime mit auf der Anklagebank. Möglich wurde die Aufklärung durch die Öffnung der Archive des DDR-Geheimdienstes. Das Ministerium für Staatssicherheit hatte Planung, Durchführung und Verschleierung der Tat nahezu lückenlos dokumentiert.

Im Wettstreit der politischen Systeme ließen die internationalen Geheimdienste keine Gelegenheit aus, sich gegenseitig zu belauern und zu schwächen. Berlin stand dabei jahrzehntelang im Brennpunkt internationaler Politik.

Die Geschichte des Anschlags auf die Berliner Diskothek zeigt auch, wie viele Zufälle, Unwägbarkeiten und persönliche Verstrickungen derartige Terrorakte begleiten und daß die Vorstel-

lung von straff organisierten Killerkommandos sich oft als Trug-
bild erweist.

Das Urteil gegen die fünf Angeklagten erging im November 2001.
Das Gericht sah in Libyen den Urheber des Anschlags, ließ allerdings Fragen der individuellen Tatbeteiligung der fünf Angeklagten in vielen Punkten unbeantwortet. An den Stellen, an
denen die Autoren von der Auffassung des Gerichts abweichen,
haben sie sich für eine der von den Prozessbeteiligten vorgetra-
genen Versionen entschieden.

I. Plan und Tat

>»Ich liebe wohl die Verräterei, hasse aber die Verräter«
>(Kaiser Augustus über den thrakischen König Rhymitalkes,
>nach Plutarch, Romulus 17,7)

Überall Blut

5. April 1986
Berlin-Friedenau, Hauptstraße 77-78, nach 0 Uhr

Big Man Melvin kam kurz nach Mitternacht. Der bullige Tür-
steher begrüßte Stevie und Sonja hinterm Tresen. Enzo saß davor
und trank einen Cognac. Heino stand gelangweilt hinter der Kas-
se. Es war einer dieser Abende, in denen die Minuten zäh und
müde verrannen. Das La Belle war nur spärlich besucht. Um Mitternacht trieben sich die Leute noch woanders herum. Im Checkpoint. Oder im Friendship – den Clubs der Amis. Oder im Star-
light in der McNair-Kaserne in Zehlendorf. Aber die anderen
Läden würden bald schließen. Dann ging es im La Belle los. Soul,
Blues, Rhythm & Blues bis zum Morgengrauen. Melvin nickte
seinem Chef Enzo zu und ging zurück auf seinen Posten am Eingang der Kellerdisko.
Die Lichtorgel über der Tanzfläche zuckte ins Leere hinein. Blaue,
rote, grüne Strahlen brachen sich über dem silbern schimmern-
den Boden. Zwei blonde Frauen saßen am Rand der Tanzfläche,
gleich neben der Theke, und betrachteten das Flackern der Lich-
ter. Sie waren früh gekommen.
Enzo kannte die Dünne; die andere sah er zum ersten Mal.

Beide waren mächtig aufgetakelt. Heino hielt sie für zwei Prostituierte, die mal Pause machten. Er zwinkerte Enzo zu.

Enzo ging hinüber und sprach sie an. Ob er einen Drink spendieren dürfe?

»Warum nicht«, antwortete die Dünne.

Stevie mixte einen Campari Orange und einen Kiwi Wonder.

Die beiden Frauen redeten nicht viel miteinander. Zwischen ihnen stand eine Tasche auf dem Boden, die sie mit ihren Beinen schützten. Sie nippten an den Gläsern und ließen die Blicke schweifen. Das flackernde Licht der Anlage färbte ihre Gesichter im Takt der Lichtorgel orange, blau, rot.

Heino, der Student, sah die Lage mit zwiespältigen Gefühlen. Es gefiel ihm, sich mal nicht mit einem Tablett voller Getränke zwischen schwitzenden Menschen durchschlängeln zu müssen. Aber ein volles Haus bedeutete auch ein dickes Portemonnaie. Auf das Trinkgeld konnte er nicht verzichten. Er jobbte am Wochenende in der Disko und war über die Woche an der Uni. Zudem kam er hier mit den vielen amerikanischen Besuchern ins Gespräch und trainierte seine Sprachkenntnisse. Kamen keine Gäste, gab es auch keinen Umsatz.

Möhring bekam Hunger und entschloss sich, an der Pommesbude gegenüber eine Wurst zu essen. Der Student ging an den beiden Frauen vorbei, überquerte die Tanzfläche und stieg die Treppe hinauf. Draußen zog er tief die frische Nachtluft ein. Es war schnell und heftig Frühling geworden in diesem Jahr. Am Tag kletterten die Temperaturen schon weit über 20 Grad. Der Wind blies den Kopf frei. Es war gegen 1 Uhr am Morgen. Er ließ sich eine Currywurst mit Pommes geben und stopfte alles langsam in sich hinein.

Als er zum La Belle zurückkehrte, drängte sich eine Menschenmenge vorm Eingang. Big Man Melvin ließ sich mit der Kontrolle Zeit. Stammgäste winkte er lässig durch. Andere wies er kühl ab. Dann und wann klopfte er die Taschen der Frauen ab und suchte oberflächlich nach Drogen und Waffen. Es hatte eine vage Warnung gegeben, dass »irgend etwas« passieren würde. Aber was sollte hier, in einer abgelegenen Berliner Disko, schon groß passieren? Ein paar verlorene Seelen, ein paar gebrochene Herzen und jede Menge Spaß. Mehr nicht.

Das La Belle lag in Berlin, in Deutschland. Das Land war zwar geteilt wie die Stadt selbst, aber um die RAF war es ruhig geworden. Geschossen wurde allenfalls an der Mauer. Es war schwer für Terroristen, unerkannt in die Stadt zu gelangen, und fast unmöglich, nach einem Anschlag zu entkommen.

Heino beobachtete das Treiben vor der Disko eine Weile. Er rauchte genüsslich seine Zigarette. Dann schluckte der schmale Eingang des Hauses auch ihn. Das Saturday night fever begann.

Seit das La Belle zu einem Treffpunkt der amerikanischen Soldaten in Berlin avanciert war, legte Enzo Wert auf die Auswahl der Gäste. GIs erhielten immer Zutritt. Sie waren gute Kunden.

Ausgehungert von einer Woche militärischen Drills und den langen Stunden des tristen Kasernenalltags, ließen sie am Wochenende die Uniformen im Spind und gingen auf die Piste.

Das Geld saß locker in den Taschen. Im Sog der Soldaten schwamm ein ganzes Heer junger Frauen. Manche wollten einfach nur tanzen, andere suchten das Abenteuer mit einem der Soldaten. Na und?

Jedenfalls spielten sie in den Diskos der Amerikaner die heißeste Musik, das war bekannt. Türkische und arabische Dealer hatten im La Belle keine Chance.

Enzo ließ sich das Image des La Belle nicht kaputt machen. Der Laden wäre schneller weg vom Fenster als irgendein Sommerhit aus den Charts. Nur für die Bacardi-Gang durften Big Man Melvin und sein Kollege Steve George eine Ausnahme machen. Die Bacardi-Gang bestand aus Arabern, denen andere Diskotheken und Bars gehörten. Mit ihnen wollte Enzo es sich nicht verscherzen. Man kannte sich, man schätzte sich – mehr oder weniger. Die Bacardi-Gang saß meist friedlich in einer Ecke. Sie nippten an ihren Drinks – überwiegend Bacardi eben. Dann gingen sie wieder.

Donna Summer, die Neville Brothers, Michael Jackson – die

Minuten donnerten dahin. Die Nacht kam ins Rollen, die Luft wurde schwer. Aus allen Richtungen trafen jetzt die Nachtschwärmer ein. Enzo registrierte mit Freude den Andrang. »Ciao bella, ciao bello«, begrüßte er Stammgäste und umarmte Freunde. Er lud Bekannte zu Drinks ein und versprach anderen eine Clubkarte, die freien Eintritt verhieß. Je voller es wurde, desto wohler fühlte sich der kleine, energische Italiener. Sein lächelnder Blick glitt über das Treiben auf der Tanzfläche und an der Bar. Beiläufig registrierte er, wie eine der beiden Blondinen mit einem GI sprach. Später tanzten sie. Von Zeit zu Zeit traf sich sein Blick mit dem der Dünnen. Er fand, dass sie ein wenig merkwürdig schaute. Aber nach den Gründen zu forschen kam ihm nicht in den Sinn. Zumal Mary ihn fragte, ob er tanzen wolle. Enzo wollte.

Wenig später sah er, wie sich die beiden Frauen von ihren Plätzen erhoben.

Die Dünne strebte der Toilette zu, die andere ging zum Ausgang. Nun ja, dachte Enzo, ist wohl nicht ihr Abend. Er tanzte. So konnte er nicht sehen, wie die Dünne beim Gang zur Toilette ein Päckchen aus der Tasche nahm und es in den Ascheimer an der Bar warf.

Auf der Tanzfläche drängten sich immer mehr Paare. Die Bässe wummerten aus den Boxen. Nach einer Reihe von Blues-Titeln legte der DJ wieder Grooviges auf. »Flygirl« – das Lied über Frauen, die Männer um den Verstand bringen.

Big Man Melvin am Eingang stellte sich stur. Die Hütte war voll, wer jetzt kam, musste draußenbleiben. Eine der letzten, die er hindurchwinkte, war Bianca Verrett.

Enzo stand an der Bar und sah Rauch aus dem Mülleimer aufsteigen. Er rief nach Wasser. Doch ehe es kam, gab es einen Knall.

Vor Gericht schilderten die Opfer mehr als zehn Jahre später die Sekunden der Explosion, als ob es gerade einen Tag zuvor passiert wäre:

»Alles war weiß. Ich sah nichts.«

»Ich dachte, es sei ein Stromschlag.«

»Zuerst dachte ich, dass jemand fotografierte und das Blitzlicht mir die Augen blendete.«

»Es wurde sehr, sehr hell und sehr heiß.«

»Es gab einen fürchterlichen Krach.«

»Die Decke kam runter.«

»Dann wurde es dunkel.«

»Überall beißender Rauch.«

»Es war Panik.«

»Hilferufe.«

»Schreie.«

»Es war chaotisch. Überall Blut. Chaotisch.«

Die Bombe explodierte um 1.40 Uhr. Drei Kilogramm Plastiksprengstoff mit Eisenteilen rissen ein Loch in den Boden und eines in die Wand zum Tapetenmarkt nebenan. Selbst Farbkübel dahinter wurden zerfetzt. Die Zwischendecke krachte auf die Tanzfläche und begrub Tanzende unter sich. Die Gäste, die von der Detonation nicht zu Boden gerissen oder getroffen worden waren, drängten schreiend zum Ausgang. Sie trampelten über Verletzte und um Hilfe Schreiende. Die Tür zum Notausgang war aus dem Futter gerissen – man fand sie später in 15 Meter Entfernung. Die Fenster in ihren Rahmen: zerborsten. Blutend und kreischend flüchteten Frauen und Männer ins Freie.

Nur weg hier! Was geschehen war, wusste niemand. Dass Schreckliches passiert war, sah jeder.

Um 1.50 Uhr ging der Notruf bei der Feuerwehr ein.

Sechs Minuten danach trafen die ersten Rettungswagen ein.

Auch eine Streife der amerikanischen Militärpolizei tauchte auf. Polizisten und Rettungsleuten bot sich ein Bild des Grauens. Verletzte lagen mit klaffenden Wunden auf dem Mittelstreifen der Hauptstraße. Noch immer krochen blutende Menschen ins Freie. Im nächtlichen Schatten des Rathauses Friedenau irrten Opfer orientierungslos umher. Stöhnen und Schreie mischten sich unter das Martinshorn der Notarztwagen. Feiner weißer Staub flirrte umher und setzte sich langsam nieder.

Gegen 2 Uhr verhängte der Berliner Polizeipräsident den Ausnahmezustand.

Unter den mehr als zweihundert Menschen, die aus der Kellerbar ins Freie gelangt waren, befand sich auch Alfred Jackson. Er wurde von der Feuerwehr aufgegriffen, als er Richtung Steglitz laufen wollte. Im Gesicht und an den Armen hing die Haut in Fetzen. Seine Hose war zerrissen, einen Schuh hatte er verloren. Der Notarzt drängte den unter Schock stehenden Amerikaner in den Wagen, wo er ihn versorgen wollte. Erst langsam schien Jackson zu begreifen, was um ihn herum geschehen war. Er verlangte nach einem Spiegel. Der Arzt sagte, er habe keinen. Und selbst wenn: Er hätte den grauenhaft Entstellten keinen Blick hineinwerfen lassen.

Nach einer ersten Versorgung wurden die Opfer in die umliegenden Krankenhäuser gebracht. Krankenwagen und Taxis pendelten unablässig. Der Morgen dämmerte bereits herauf, als das letzte Opfer abtransportiert wurde.

Zwei Opfer waren bereits auf dem Mittelstreifen der Hauptstraße verstorben: der GI Kenneth Ford und die Türkin Nermin Haney. Der US-Soldat James E. Goins kämpfte noch zwei Wochen im Krankenhaus mit dem Tod und unterlag.

Der Student Heino Möhring kam mit dem Leben davon. Doch die Wunde am Unterschenkel ist bis heute nicht verheilt.

Noch am gleichen Tage begann die Suche nach den Tätern. Die Polizei stellte eine Ermittlergruppe unter Kriminaldirektor Dieter Piethe zusammen, sie sollte bald hundert Mitglieder zählen. Zunächst wurden an die 100 Kubikmeter Schutt, die der Anschlag hinterlassen hatte, minutiös untersucht. Während ein Dutzend Beamte die Trümmer entschlüsselten, ließ Piethe die Einrichtung des La Belle aus Sperrholz nachbauen. Es fanden zudem unzählige Lokaltermine mit Zeugen und Befragungen statt, um die Abläufe zu rekonstruieren. Es war die klassische Sisyphos-Arbeit von Kriminalisten.

Ein Unglücksfall wurde ausgeschlossen. Noch ehe das Ausmaß

der Zerstörung vollkommen erfasst war, realisierten die Beamten, dass es sich um einen Bombenanschlag gehandelt hatte – um den bislang schwersten in der Geschichte der Bundesrepublik Deutschland.

Zu jenen, die noch in der Nacht Kenntnis von dem Anschlag erhielten, gehörte als einer der ersten der Botschafter der USA in der Bundesrepublik Deutschland. Richard Burt kam mit der ersten Maschine von Köln-Bonn nach Berlin. Gemeinsam mit dem Regierenden Bürgermeister Eberhard Diepgen suchte er den Ort des Schreckens auf. Anschließend geißelte er in scharfen Worten den Anschlag: »Ich weiß, dass ich die Gefühle von Präsident Ronald Reagan sowie aller Amerikaner wiedergebe, wenn ich absoluten Abscheu über diesen feigen, kriminellen Akt erkläre. Einen Akt, der sich nicht nur gegen die Vereinigten Staaten, sondern gegen das Gefüge der gesamten zivilisierten Gesellschaft richtet.«

Bundeskanzler Helmut Kohl, der gerade in Verhandlungen mit den DDR-Behörden über einen Besuch des SED-Chefs Erich Honecker in der Bundesrepublik stand, verurteilte den terroristischen Anschlag ebenso wie sein DDR-Pendant. Hans-Dietrich Genscher sagte: »Wir lassen unsere amerikanischen Freunde nicht aus dem Land bomben.«

Präsident Reagan drohte dem zunächst unsichtbaren Feind: »Wer glaubt, wir werden stillhalten, irrt.«

Schnell konzentrierte sich die Suche nach den Urhebern des Anschlages auf die arabische Welt. Schon am Tag nach dem Anschlag sickerte aus Geheimdienstkreisen an die Öffentlichkeit, dass es den Mitschnitt eines ominösen Telexschreibens zwischen der libyschen Botschaft – dem sogenannten Volksbüro – und der Zentrale in Tripolis gegeben habe.

Nato-Oberbefehlshaber Bernhard Rogers sprach von »unbestreitbaren Beweisen« dafür, dass der blutige Bombenanschlag auf das Konto eines »weltweiten Netzes« von Terroristen gehe. Drahtzieher: der libysche Staatschef Muammar El Gaddafi.

Einrichtungen der US-Amerikaner waren seit langem Ziele von extremistischen Angriffen gewesen. Gewaltbereite Islamisten stemmen sich gewaltsam gegen die Präsenz der US-Amerikaner, seitdem sich die Weltmacht in der Region engagiert. Der Mordanschlag einiger Palästinenser gegen die Mannschaft Israels während der Olympischen Spiele in München 1972 war ebensowenig vergessen wie der Überfall auf die OPEC-Konferenz in Wien 1975. Damals hatte eine sechsköpfige Terroristengruppe unter »Carlos«, einem gebürtigen Venezolaner, das Gipfeltreffen der erdölproduzierenden Staaten attackiert. Wenn es in den letzten Jahren Anschläge gegeben hatte, bekannten sich anschließend in der Regel eine Palästinenser-Organisation oder ein arabisches Rollkommando zu der Tat.

Drei amerikanische Flugzeugträger machten sich auf den Weg in die Große Syrte vor der libyschen Küste und drohten mit Vergeltung.

Libyens Staatschef erklärte daraufhin diesen Teil des Mittelmeeres zur »Todeszone« und drohte seinerseits Vergeltung für die angedrohte Vergeltung an. Fremde Schiffe, die in die Große Syrte eindringen würden, gälten als feindlich und würden auch so behandelt.

Damit war aus dem Bombenanschlag in einer kleinen Diskothek in Berlin eine große internationale Krise geworden.

Die Nacht zuvor

4. April 1986 Berlin-Kreuzberg, Lindenstraße 115, 21 Uhr

Musbah Omar Abdulgasem Eter hob die Tasche in die Höhe und sagte:»Das ist die Antwort auf die Amerikaner und ein Geschenk von Gaddafi.« So schilderte Ali Chanaa später den Beginn der verhängnisvollen Nacht.

Diese weihevolle Szene, wie eine kultische Opferdarbietung aufgeführt, wirkte unfreiwillig lächerlich. Während Eter die hässliche gelbe Tasche zur Decke streckte, lief der Fernseher im Wohnzimmer, Verenas Schwester Andrea saß davor, und der fünfjährige Wesam spielte im Kinderzimmer.

Verena hatte die Sozialwohnung zusammen mit ihrem Ehemann Ali und dem gemeinsamen Sohn Wesam bewohnt, bevor die Ehe in die Brüche ging. Ali konnte es nicht ertragen, dass Verena gelegentlich als Hure auf dem Kurfürstendamm ihre Haushaltskasse aufbesserte. Ali und Verena trennten sich. Eine echte Liebesbeziehung hatte es zwischen den beiden ohnehin nicht gegeben.

Dennoch ließ Ali den Kontakt nicht abbrechen. Meist freitags nach der Arbeit kam er, um mit seinem Sohn zu spielen und nach der Post zu sehen.

Noch immer war er in Kreuzberg polizeilich gemeldet, obwohl er längst mit seiner neuen Freundin zusammen lebte.

Bis um sieben Uhr abends hatte Ali Chanaa bei *Gemüse-Puche* gearbeitet und Pizzerias in der ganzen Stadt beliefert. Danach war er in einen Imbiss gegangen und hatte etwas gegessen, bevor er zu Verena und Wesam fuhr. Gegen neun Uhr traf er ein. Das zerstrittene Ehepaar wechselte nicht viele Worte. Ali widmete sich seinem Sohn.

Die Verbindungen zu anderen Arabern, die während der kurzen Ehe entstanden waren, bestanden ebenfalls fort. So war die kleine Sozialwohnung in der Lindenstraße unverändert Anlauf- und Treffpunkt. Die Mietskaserne an der Ecke zur Gitschiner Straße mit Blick auf die Hochbahn zwischen Kottbusser und Halleschem

Tor stammte aus den 60er, 70er Jahren und war ein Musterbeispiel für menschenunfreundliches Bauen. Wer konnte, floh diesen Ort und suchte sich ein zwar teures, aber erträgliches Quartier.

Verena Chanaas Wohnung lag am Ende eines der vielen kahlen, kalten und verwinkelten Flure, auf denen anonyme Betriebsamkeit herrschte. Die Mieter sahen sich zwar, kannten sich aber nicht. Man wollte sich auch nicht kennen, um sich neben den eigenen Problemen nicht noch die der Nachbarn anzutun.

Chraidi hatte Ali am Vortag gebeten, am Freitagabend zu Verena zu kommen. Seit Mitte März hatte man zu dritt Treffpunkte von Amerikanern in West-Berlin ausgekundschaftet. Spätestens am 26. März hatten sie entschieden, es solle eine Diskothek sein.

Eine knappe halbe Stunde nach Ali Chanaa traf Yasser Chraidi ein. Chraidi war umtriebig und tauchte stets dort auf, wo etwas passierte. Er hatte seine Finger in vielen Sachen und kannte sich bestens aus in der arabischen Szene Berlins. Und alle kannten Chraidi. Wie Eter hatte auch Chraidi eine Anstellung beim libyschen Volksbüro, der Botschaft in der DDR-Hauptstadt.

Chraidi wohnte im Ost-Berliner Hans-Loch-Viertel und war mit seiner Cousine verheiratet.

Er erkundigte sich bei Verena Chanaa, ob sie »die Sachen« bekommen habe. Sie nickte, zog einen Vorhang im Flur beiseite und reichte ihm die Einkaufstüte. Chraidi schaute und griff hinein.

»Was ist das?« fragte Ali, der Zeuge des kurzen Gespräches zwischen seiner Ex-Frau und Chraidi geworden war.

»Eine Bombe«, antwortete er emotionslos und zog einen hellen Riegel aus der Tüte. Die Experten rätselten später wegen der gelblichen Schmauchspuren am Tatort, ob es sich um den Plastiksprengstoff Semtex, den die Tschechen produzierten, oder um Flex X gehandelt habe, der bei den Arabern ebenfalls sehr beliebt war.

»Was hat sie damit zu tun!« giftete Chanaa. Die Frage zielte auf Verena. Die schwieg. Stattdessen antwortete Chraidi auf arabisch, er solle ihm nicht versauen, was er aufgebaut habe.

Ehe sich die Spannung noch steigern konnte, klingelte es erneut an der Tür. Es war Eter.

Ob er »die Teile« habe, erkundigte sich der erregte Chraidi bei ihm, nachdem sein Landsmann die Tür geschlossen hatte. Eter zog eine Zigarettenschachtel aus dem Jackett und entnahm ihr eine aluminiumfarbene Zigarre, aus der einige Drähte ragten.

»Und der Zünder?«

Eter reichte ihm einen streichholzgroßen Würfel, der ebenfalls in der Zigarettenschachtel gesteckt hatte.

Chraidi drängte in die Küche und legte alles auf den Tisch. Eter bohrte schließlich mit einem Kugelschreiber ein Loch in den Sprengstoff, fügte die Teile zusammen, wobei er wiederholt auf eine Skizze schaute, band schließlich einen Klebestreifen darum und steckte alles in eine gelbe Handtasche. Verena deponierte diese wenig später im Flur hinter dem Vorhang. In diesem Augenblick kam Andrea aus dem Wohnzimmer und verschwand im Bad.

»Was macht die hier?«, fragte Chraidi, offensichtlich überrascht. Eter rettete die Situation. »Du nimmst Deine Schwester mit! Zu zweit fallt ihr weniger auf!« Dann ging er als erster. Chraidi und Chanaa folgten ihm wenige Minuten später.

Gegen 23 Uhr trafen sie in der Kaminbar des Palast-Hotels in Ost-Berlin ein.

Dort erwartete sie bereits Ali Keshlaf von der libyschen Botschaft. Ali suchte ein Telefon, doch er fand keins. Chraidi ließ ihn nicht aus den Augen. Er traute ihm nicht.

Ali Chanaa war, wie so viele Palästinenser auch, in einem Flüchtlingslager zur Welt gekommen und dort aufgewachsen.

Am 18. April 1959 hatte ihn seine Mutter als fünftes von später neun Kindern der Familie Chanaa im Lager Ain El Helweh entbunden. Ain El Helweh hieß »Schöne Augen«, doch die Quellen, die der Gegend im Südlibanon einst ihren Namen gegeben hatten, waren mehrheitlich versiegt. Der Landstrich war trocken und karg und trug nur wenig Frucht. Alis Vater baute ein wenig Gemüse und Obst an, das er auf dem Markt anbot. Ihre ohnehin bescheidene Lage verschlechterte sich mit den politischen Auseinandersetzungen im Land, die schließlich in einen weiteren Bürgerkrieg mündeten.

1948/49, während des ersten israelisch-arabischen Krieges, waren zahllose Palästinenser nach Libanon geflüchtet und hatten sich dort zwangsweise in solchen Lagern wie Ain El Helweh niedergelassen. Das führte zunehmend zu innenpolitischen Spannungen; der Konflikt zwischen den prowestlichen Christen und den arabisch-nationalistischen Muslimen entlud sich 1958 in einem ersten Bürgerkrieg, der mit Hilfe der USA beendet wurde.

Ungeachtet dessen existierte der Konflikt zwischen den vertriebenen Palästinensern und Israel fort.

Die Lager im Südlibanon bildeten oft Ausgangspunkte für Guerillaoperationen gegen Israel, auf die Israel mit militärischen Aktionen gegen die Palästinenserlager reagierte. Eine Spirale von Gewalt und Gegengewalt setzte sich in Bewegung. Die Vergeltungsschläge der Israelis gegen die Palästinenser riefen die christlichen Milizen – zusammengeschlossen in den Libanesischen Streitkräften (FL) – auf den Plan, die in den PLO-Freischärlern die Wurzel allen Übels sahen. Im April 1975 brach der nunmehr zweite libanesische Bürgerkrieg aus. Ein Jahr später griffen syrische Streitkräfte in den Kampf ein.

Die Chanaas schickten darauf ihren Sohn ins Ausland. Ali war 17, als er das Lager verließ. Es war wie so viele andere vom Zeltlager zu einer kleinen Stadt mit gemauerten Häusern, Straßen und einer primitiven Infrastruktur mutiert. Dennoch war es keine Heimat, keine sichere Bleibe. Der Ort bot Vertriebenen Obdach, aber keine Zukunft. Und selbst das Obdach war augenblicklich in Frage gestellt. So zog denn Ali mit der Erfahrung von Not und Angst, von fortgesetzter Demütigung und Verfolgung hinaus in die arabische Welt. Zunächst wollte er nach Kuwait, wo ein Onkel lebte – aber er bekam keine Einreise. Auch die Arabischen Emirate verweigerten ein Visum.

Im Dezember 1976 flog er schließlich mit einem Freund nach

Berlin-Schönefeld und wurde von dort mit einem Bus nach West-Berlin gebracht, wo der Bruder des Freundes bereits lebte.

In West-Berlin stellte Ali Chanaa einen Antrag auf Asyl.

Der Bruder des Freundes besorgte Ali ein Zimmer in der Arndt-straße und bald danach einen Job als Küchenhilfe in einer Pizzeria am Savigny-Platz.

So war er mit 17 allein in einer fremden Stadt, in einer fremden Kultur, bar jeglicher Sprachkenntnisse und Kontakte. Er habe – so sagte er später – in den ersten Wochen sehr viel geweint. Die Telefonate, die er zuweilen mit der Familie führte, vertieften eher die Wunden, als dass sie sie schlossen.

Die nächtliche Stille in der Stadt irritierte ihn. Es fielen keine Schüsse, wie er es aus dem Lager kannte, keine Angstschreie zerrissen die Ruhe. Der unablässige Autostrom auf der Straße schien ihm wie das beruhigende Rauschen des Meeres, das er bislang nur einmal gesehen hatte.

Nach der Phase des Einlebens begann sich Ali Chanaa auf das ungewöhnliche Treiben einzulassen. Er zog durch die Stadt, nahm das ihm fremde Leben in sich auf, beobachtete Menschen. Vom Hilfsarbeiter in der Küche wechselte er in ein Warenlager zu Aldi. Dann arbeitete er als Tischler auf dem Bau.

Nachdem er die Führerscheinprüfung bestanden hatte, ging er zu einer Wohnungsbaugesellschaft und reparierte verzogene Fenster oder klemmende Türen, bis er schließlich bei *Gemüse-Puche* landete.

Nach vier Jahren begann Ali auch den Ostteil zu entdecken. Ein Freund hatte ihn mitgenommen. Es bereitete ihm, dem Ausländer, keine Mühe, in die Hauptstadt der DDR einzureisen. Ost-Berlin hatte für ihn erkennbare Vorzüge. Zum einen war alles billiger, und wenn man die D-Mark illegal gegen Ostmark tauschte, vermehrte sie sich auf wunderbare Weise.

Selbst ein eher bescheiden verdienender Mann wie er konnte sich dadurch etwas leisten. Dort, wo er wohnte und arbeitete, war er der Ali. »Drüben« respektierte man ihn. Das war für ihn eine neue und keineswegs unangenehme Erfahrung. Allein durch die

Tatsache, dass er nun hinter (oder vor) der Mauer saß, machte aus dem jugendlichen Heimatvertriebenen einen Bessergestellten, einen – aus der Perspektive von Ost-Berlinern – auf der Sonnenseite Lebenden.

Die Araber hatten in Ost-Berlin vier Lieblingsplätze: die Bar im Palast-Hotel zwischen Dom und Alexanderplatz, das Lindencorso in der Allee Unter den Linden, die Bar im Hotel Berolina hinter dem Kino International in der Karl-Marx-Allee (heute Sitz des Bezirksamtes Mitte) und das Metropol-Hotel nahe dem Bahnhof Friedrichstraße (heute Hotel Maritim). Dort saßen zu allen Tages- und vor allem Nachtzeiten Runden arabischer Journalisten, Diplomaten und Geschäftsleute zusammen.

Im Vergleich zum Westen hatte Ali im Osten viel schneller Kontakt zu Frauen. Er fand, die Frauen hatten einfach mehr Klasse – vielleicht auch, weil sie unkomplizierter zu bekommen waren als drüben im Westen, sagte er später.

Verena Hampel zählte nicht dazu. Sie ging in den Lokalen rund um den Alexanderplatz aus und hatte viele arabische Freunde in Ost-Berlin. Männer aus dem Nahen Osten zogen sie an. Vielleicht war es das stolze Auftreten der Araber oder die Aura der Ferne, die die Männer umgab. Die junge 19-Jährige war wie ein Farbtupfer unter den Arabern. Gleichzeitig wirkte sie mit den langen blonden Haaren, die bis weit über die Schultern hingen, unnahbar.

Bei einem seiner Streifzüge rund um den Alexanderplatz lernte Ali dann Verena kennen. Die Ost-Berlinerin war in seinem Alter und arbeitete als Sekretärin im VEB Druckkombinat. Sie kam aus einfachen Verhältnissen und hatte eine jüngere Schwester. Ihre Eltern waren geschieden. Verena suchte die Nähe zu den Ausländern. Sie ging in die Lokale, in denen sie sich trafen. Es war die große, weite Welt, die hier in ihre kleine Welt einbrach. Sie hatte großen Hunger auf Leben und wenig Appetit auf kleinbürgerlichen Biedersinn. Doch Ali war nicht unbedingt ihr Typ. An einem der Abende, in einem der Lokale, in denen sich die Araber trafen und in denen Verena bekannt war, wettete Ali Chanaa mit einem Freund um 100 Mark, die attraktive Deutsche zu erobern.

Ali gewann die Wette. Doch aus dem One-Night-Stand wurde mehr. Fortan fuhr Ali nahezu täglich mit der S-Bahn zum Bahnhof Friedrichstraße, wo er bereits von Verena erwartet wurde. Abends reiste er zurück und verdiente sein Geld als Pizzabäcker. Als das Paar heiraten wollte und einen Antrag stellte, gemeinsam in den Libanon auszureisen, horchte die Staatssicherheit auf. Die junge Liebe gedieh fortan unter den wachsamen Augen der ostdeutschen Schlapphüte.

Das Paar löste einen bürokratischen Vorgang aus, der beim Ministerium für Staatssicherheit zunächst den Titel »Operative Personenkontrolle HAMPEL« trug. Im September 1981 witterte die Stasi dann ihre Chance. Zum Jahreswechsel war Verena schwanger geworden.

Zweifellos traf es zu, dass die Beziehung zwischen dem Palästinenser und der Deutschen nicht mehr ganz so frisch war wie am Anfang. Die Pendelei zwischen West- und Ost-Berlin nach dem Diktat des Grenzregimes der DDR und dem Arbeitsplan der Firma im Westen belasteten nicht wenig. Hinzu kamen der Pflichtumtausch und dass seine arabischen Freunde – ob berechtigt oder aus Neid – begannen Zwietracht zu säen. Verena treibt es bestimmt auch mit anderen, sagten sie.

Auch die werdende Mutter befielen zunehmend Zweifel, ob Ali der Richtige sei, mit dem sie es ein ganzes Leben aushalten könnte. Dennoch wahrten beide die Form und hielten aneinander fest. Im September trat das MfS aus der Deckung. Ali wollte seine Verlobte wie gewöhnlich besuchen. Doch nachdem er den langen Gang von der westlichen U-Bahn zum Grenzübergang Friedrichstraße zurückgelegt hatte, verweigerten ihm die Grenzer ohne Angabe von Gründen die Einreise. Ali kehrte widerwillig um und versuchte es an anderen Übergängen der Stadt – ebenso erfolglos.

Am 31. September 1981 gebar Verena Hampel in der Berliner Charité einen Sohn, den sie Wesam nannte. Ali erhielt die Nachricht von Verenas Nachbarin. Die alte Frau Krug hatte ein Telefon, über das Ali den Kontakt hielt.

In der Normannenstraße in Berlin-Lichtenberg hatte man alles unter Kontrolle. Die Beziehung schien geeignet, um einen (oder zwei) inoffizielle Mitarbeiter zu gewinnen. Die Abwehr des MfS war stets an Nachrichten aus verschiedenen Milieus interessiert. Araber, zumal Palästinenser, waren ihnen aus unterschiedlichen Gründen suspekt. Zum einen bewegten sich diese ungeachtet der Mauer frei in der Stadt. Und nicht jeder, der zwischen den Welten pendelte, tat dies aus touristischer Neigung oder aus Liebe. Berlin war der heißeste Platz in der Welt für Geheimdienste aller Art. Zum anderen war das Verhältnis zu den Palästinensern durchaus ambivalent.

Offiziell stand die DDR an der Seite von Arafats PLO. Denen billigte sie das Recht auf Heimat und politische Anerkennung zu. Und da die Palästinenser seit Gründung des Staates Israel, der wiederum vom »Klassenfeind« unterstützt wurde, von den Israelis vertrieben wurden, galt eine uneingeschränkte Solidarität.

Zugleich aber beobachtete man auch in der DDR, dass an der Eskalation der Gewalt beide Seiten beteiligt waren. Viele Palästinenser glaubten, nur noch mit Terror und Gewalt auf ihre Lage aufmerksam machen zu können. Sie verstiegen sich zu spektakulären Aktionen auch außerhalb der Nahost-Region und fanden dabei mitunter Unterstützung arabischer Staaten.

So nahm die Gewalt auf beiden Seiten zu. Die DDR wollte nicht mehr als nötig hinein gezogen werden. Aus prinzipiellen Erwägungen lehnte man individuellen Terror ab.

Die Stasi verfuhr im Fall Ali Chanaa und Verena Hempel gemäß »Maßnahmeplan«.

Verena bat telefonisch, Ali möge am nächsten Tag zu einer bestimmten Zeit zum Bahnhof Friedrichstraße kommen. Dort solle er auf dem Bahnsteig auf einer Bank warten, bis er von einem Mann angesprochen werde. Dieser würde ihn zu seinem Sohn Wesam und zu ihr bringen.

Chanaa handelte wie vorgeschlagen. Und in der Tat: Ein Mann

kam auf ihn zu, erkundigte sich nach seinem Namen und wollte wissen, ob er eine Verena kenne. Der Palästinenser gab die Auskünfte. Sein Gegenüber, das sich nicht vorgestellt hatte, nickte kurz und forderte Ali Chanaa auf, ihm zu folgen. Sie gingen durch unbekannte, leere Gänge des Bahnhofs und landeten plötzlich in einer öffentlichen Toilette, über die sie ins Freie gelangten.

Dort stand ein Auto, mit dem der Unbekannte Chanaa zu Verena Hempel fuhr. Auf dem Weg dorthin tauschte man Belanglosigkeiten aus. Der junge Vater wurde gefragt, was er in West-Berlin mache, wo er arbeite, seit wann er seine Freundin kenne und so weiter.

Am Nachmittag wurde Ali Chanaa – wie verabredet – auf gleiche Weise zurückgebracht. Wenn er wiederkommen wolle, sagte der Mann zum Abschied, werde er erneut zur Verfügung stehen.

Der Unbekannte war Offizier des Ministeriums für Staatssicherheit. Jahre später erfuhr Ali Chanaa seinen richtigen Nachnamen: Frank. Chanaa hatte ihn nur als »Grundig« kennen gelernt.

Der nächste Besuch in Ost-Berlin verlief genauso wie der vorhergegangene. Es gab auch eine dritte und eine vierte Begegnung. Dann aber wies »Grundig« auf eine Bushaltestelle auf dem Weg zu Verena und meinte zu Chanaa, man müsse sich mal in Ruhe unterhalten. Er würde ihn hier zu einem bestimmten Zeitpunkt abholen.

Chanaa willigte ein.

Für das MfS war das Anwerben von Mitarbeitern Routine. Auch bei Chanaa lief alles wie geschmiert. Schritt für Schritt wurde der schmächtige Palästinenser in die konspirative Arbeit des MfS hineingezogen.

Ali Chanaa und sein Führungsoffizier Grundig fuhren mit dem Auto in die Finowstraße. In einer Wohnung in der vierten Etage eines Hinterhauses spielte »Grundig« eine Kassette ab und bat den Palästinenser zu übersetzen. Chanaa glaubte, es handele sich um einen arabischen Analphabeten, der eine Botschaft nach Hause schicken wollte. Er übersetzte.

Im April 1982, sechs Monate nach dem ersten Kontakt und nach

vielen Gesprächen, unterschrieb Ali Chanaa eine Verpflich-
tungserklärung.

Aus dem Asylbewerber war damit ein inoffizieller Mitarbeiter des
MfS der DDR, ein IM, geworden. Fortan berichtete er über die
arabische Gemeinschaft in Ost- und West-Berlin. Im Gegenzug
erhielt Chanaa ein Dienstvisum, mit dem er ungehindert ein-
und ausreisen konnte, und mehr oder minder regelmäßig 250 bis
300 DM für die Berichte, die er lieferte. Er zeichnete sie mit dem
Namen »Alba« – ihm waren auf eine entsprechende Frage nach
einem Decknamen nur jene vier Buchstaben eingefallen, die auf
nahezu allen Mülltonnen in West-Berlin standen.

»Alba« lieferte bis zum Ende des MfS Berichte. Sieben Jahre lang
informierte er seinen Führungsoffizier von der MfS-Zentrale.
Gelegentlich tauchten dort Zweifel an seiner Verlässlichkeit auf,
man vermutete in ihm einen Doppelagenten. Doch die DDR-
Abwehr brach die Beziehungen zu IM »Alba« nicht ab.

»Alba« schreibt über »Nuri«

Das MfS wollte alles wissen. Man interessierte sich beispielsweise
für Yasser Chraidi. Der war im gleichen Jahr und im selben Lager
wie Chanaa geboren, arbeitete offiziell für das libysche Volksbüro und lebte in Lichtenberg.

Als der 17jährige Chanaa Libanon verlassen hatte, schloss sich
Chraidi der »Popular Front for the Liberation of Palestine – General Command« (PFLP-GC), der Militärorganisation der Volksfront zur Befreiung Palästinas an. Die Organisation wurde damals
von Ahmed Jibril, einem ehemaligen syrischen Offizier, geführt.
Ihr erklärtes Ziel war die »Eskalation des bewaffneten Kampfes
gegen den zionistischen Feind und die Praktizierung aller Kampf-
formen gegen den internationalen Imperialismus mit dem amerikanischen Imperialismus an der Spitze«. Seit 1970 hatten Mitglieder PFLP-GC Anschläge im Ausland verübt, insofern galt sie
seither als Terrororganisation und wurde international geächtet.

Chraidi ging 1978 nach Berlin (West) und stellte dort einen Asyl-
antrag. Dieser wurde abgelehnt. Wenig später wurde Chraidi ausgewiesen – und kehrte als »Yousef M. Salam« über Schönefeld
nach Ost-Berlin zurück. Als Journalist und technischer Mitarbeiter des Libyschen Volksbüros mietete er sich zunächst im
Interhotel »Metropol« ein.

Das MfS hatte Herkunft und Identität bald aufgeklärt und fürch-
tete ihn als Brückenkopf der PFLP-GC in der DDR. Er musste
unter Kontrolle gehalten werden. Denn mit palästinensischen Terroristen hatte man, trotz des gemeinsamen Feindes, wenig am
Hut. Diese Leute waren unberechenbar.

Führungsoffizier »Grundig« setzte seinen neuen Mitarbeiter, IM
»Alba«, auf Chraidi an, um über dessen Aktivitäten besser informiert zu sein. Chraidi erhielt den Decknamen »Nuri«.

Mitte der 80er Jahre sollten die Spionageabwehr (HA II) und die
Terrorabwehr (HA XXII) zu der Überzeugung gelangen, dass
Chraidi zu gefährlich sei. Am 19. Juni 1985 schlug darum der
Leiter der HA II des MfS vor, Chraidi entweder auszuweisen oder
den Behörden in West-Berlin seinen Klarnamen zuzuspielen. Im
West-Teil der Stadt wurde Chraidi eine zeitlang wegen Mord-
verdachts gesucht. Weder das eine noch das andere geschah. Der
Diplomatenpass schützte Chraidi vor der Ausweisung. Um ihn
zur *persona non grata* zu erklären, hätte man ihm diesen Status
aberkennen müssen. Das hätte aus Sicht der DDR die Beziehungen zu Libyen unzulässig belastet. Auch ein Tipp an die westlichen Behörden hätte womöglich zu diplomatischen Verwick-
lungen geführt. Aus diesem Grund hielt das MfS still.

Nach dem Anschlag auf die Berliner Diskothek sollte Chraidi mit
dem neu bestellten libyschen Botschafter in Streit geraten. Während sich Chraidi über die seiner Meinung nach unzureichend
gewürdigte Urheberschaft des Bombenanschlags seiner PFLP-
GC-Gruppierung aufregte, stellte der Botschafter die finanzielle
Unterstützung für Chraidi ein. Schließlich verweigerte das libysche Außenministerium ihm sogar die Verlängerung seines fal-
schen Reisepasses, nachdem er offenbar auch noch einen Anschlag

auf die West-Berliner jüdische Synagoge plante. Zur »Klärung seiner Angelegenheiten« beorderte ihn Libyen in die Heimat.

Das Berliner Volksbüro stufte Chraidi mittlerweile als jemanden ein, der »sehr gefährlich« werden könne. Es ließ Chraidi fallen. Libyen, Algerien, Libanon waren die nächsten Stationen des ruhelosen Mannes. Schließlich wurde er von syrischen Ermittlern festgenommen. Nach siebenmonatiger Untersuchungshaft kam er elf Jahre nach der Ausreise zurück in seine Heimatstadt Ain El Helweh, wo er als Fleischer gearbeitet haben soll. In der Heimat unterhielt er Kontakte zur Terrorgruppe um den ebenso gefährlichen wie gesuchten Terroristen Abu Nidal.

1992 kam Yasser Chraidi in Libyen in Haft. Er wurde verdächtigt, den Dissidenten Mustafa Achek 1984 in Berlin ermordet zu haben. Am 12. Mai 1997 lieferte Libyen Chraidi zum anstehenden La-Belle-Prozess nach Berlin aus.

Der Fall Chraidi ist auch jenseits des La-Belle-Verfahrens ein tragisches Kuriosum. Kein Mensch saß in Deutschland länger in Untersuchungshaft als er. Ein trauriger Rekord in der Justizgeschichte.

Heute erinnert nichts mehr an den einst drahtigen Libanesen, der, mit Handschellen gefesselt, auf dem Berliner Flughafen Schönefeld in Begleitung des Bundesgrenzschutzes erneut deutschen Boden betrat. Die Haare sind inzwischen lang, das gedunsene Gesicht hinter einem buschigen Vollbart versteckt.

Sein trostloser Alltag bis zur Überstellung in den Regelvollzug: Monotonie in der vergitterten Zelle. Zwei Mal in der Woche durfte er für eine halbe Stunde Besuch empfangen. Das Landgericht bestätigte die Rechtmäßigkeit der langen Untersuchungshaft, ebenso das Kammergericht. Der Europäische Gerichtshof für Menschenrechte in Strasbourg beschäftigte sich ebenfalls mit Chraidis Fall. Wie lange darf jemand eingesperrt werden, der bis zu seiner Verurteilung als unschuldig gelten muß?

Es gibt wenig vergleichbare Fälle. Im so genannten Schmücker-Verfahren – es ging um die Ermordung des Berliner Studenten

Ulrich Schmücker 1974 – kam die Hauptangeklagte nach sieben Jahren wieder frei. Sie war während des Prozesses schwer erkrankt. Ironie des Schicksals: Im Schmücker-Prozess, der sich fünf Jahre und acht Monate vor dem Berliner Landgericht hinzog, urteilte Peter Marhofer als einer der drei Berufsrichter über die Angeklagten. Jetzt sollte Marhofer Vorsitzender Richter im Prozess gegen die Angeklagten im La Belle-Verfahren werden. Viele trauten dem Vorsitzenden nicht zu, so einen langwierigenProzeß meistern zu können. Doch immerhin brachte er die Erfahrung aus dem bis dahin längsten Berliner Justizverfahren mit.

Neben Chraidi und Chanaa war an jenem Apriltag 1986 ein dritter Araber in der Wohnung in der Lindenstraße: Musbah Omar Abdulgasem Eter, 1957 in Tripolis geboren. Der Libyer, so vermutete man beim MfS, war seit 1984 für den Geheimdienst seines Landes tätig. Er begann damals offiziell als journalistischer Mitarbeiter des Libyschen Volksbüros im Tschad. Aus gesundheitlichen Gründen wurde er schon bald nach Bonn versetzt. Doch noch ehe er am Rhein warm wurde, war der Boden dort für ihn bereits zu heiß geworden. Die Staatsanwaltschaft ermittelte gegen ihn – Gebril Denali, ein libyscher Oppositioneller, war am 6. April 1985 ermordet worden. Der Verdacht fiel auf Eter. Der Endzwanziger wurde aus Bonn abgezogen und an das Volksbüro in der DDR versetzt.

Am 2. Mai 1986 wurde in Berlin-Treptow, auf dem Parkplatz der Gaststätte »Zenner«, der Libyer Mohamed Ashur erschossen aufgefunden. Offiziell wurde nie ein Mörder ermittelt – doch beim MfS hieß es, dass Eter, Chraidi und Keshlaf, ein weiterer Botschaftsangehöriger, an diesem hinrichtungsartigen Mord beteiligt gewesen sein sollen. Ein solcher Hinweis fand sich auch in einem Bericht des IM »Alba«, also von Ali Chanaa.

Der spätere Überläufer Rainer Wiegand von der MfS-Abwehr gab zu Protokoll: »Eter hat den Mord an Ashur begangen.« Wiegand lieferte den Grund für den Fememord gleich mit: »Die Libyer – und wir auch – gingen fest davon aus, dass Ashur von den Amerikanern geführt wurde. Daran gab es bei uns keinen Zweifel.«

Nach Ablauf seiner Akkreditierung verließ Eter 1987 für wenige Monate Deutschland in Richtung Libyen. Wieder in Ost-Berlin, betrieb er erfolglos seine Akkreditierung als Journalist der libyschen Nachrichtenagentur JANA. Der libysche Geheimdienst – so schien es – ließ ihn nach dem Anschlag ebenso fallen wie Yasser Chraidi.

In der Wohnung anwesend waren nun Verena Chanaa, die Mieterin, Ali Chanaa, ihr Ehemann, Musbah Eter und Yasser Chraidi. Zugegen war auch die ahnungslose kleine Schwester Verenas, Andrea Häusler. Sie war kurze Zeit nach der Heirat und Übersiedlung ihrer Schwester in den Westteil ebenfalls ausgereist. Im Kinderzimmer der Wohnung spielte der kleine Wesam.

Ein Häuflein Gestrauchelter

Wer sind diese Menschen, die an jenem milden Frühlingsabend in der kleinen Kreuzberger Wohnung zusammentrafen und wenige Stunden später die Weltöffentlichkeit mit ihrer abscheulichen Tat aufrüttelten? Es ist erschreckend, wie bei näherer Betrachtung das Bild einer streng organisierten, skrupellosen Terroreinheit zerrinnt. Wie Zufälle ein Häuflein von Gestrauchelten, vom Leben enttäuschten Wichtigtuern und auch Hinterhältigen zusammenführen und ihnen einen Platz in der Geschichte zuweisen. In den Fußnoten der Geschichtsbücher wimmelt es von solchen Handlangern, die aus einer gefährlichen Mischung aus Verzweiflung, Geltungssucht und Fanatismus die Drecksarbeit für Hintermänner verrichten.

Die überwiegende Mehrheit der Terroristen ist männlich und jung, in vielen Fällen sogar sehr jung. Als Gavrilo Princip am 28. Juni 1914 das Attentat auf den österreichischen Thronfolger Franz Ferdinand beging, stand er an der Schwelle zum 20. Geburtstag. Zwei seiner Mittäter waren erst 17 und 18 Jahre alt. Princip hatte sich 18-jährig der Sache Großserbiens verschrieben. Der Papst-Attentäter Ali Agca war 24 Jahre alt, als er 1981 Johannes Paul II. auf dem Petersplatz in Rom schwer verletzte, John Hinckley jr. ein Jahr älter, als er auf den US-Präsidenten Ronald Reagan und seine Begleiter 1981 vor einem Washingtoner Hotel schoß.

Der international agierende Terrorist Carlos Ramirez Sanchez stellt allerdings eine Ausnahme dar. Er wandte sich erst mit mehr als 50 Jahren dem bewaffneten Untergrundkampf zu und war schließlich der von den Geheimdiensten am meisten gesuchte Gangster, ehe ihn ein israelisches Sicherheitskommando in Ghana ausfindig machte und überwältigte. Im Jahr 2000 verurteilte ihn ein französisches Gericht zu lebenslanger Haft.

Das Treffen in Kreuzberg

Ob sich der Abend in der Wohnung von Verena Chanaa genau so zutrug, wie hier beschrieben, ist nicht gewiss. Es existieren widersprüchliche Aussagen der Beteiligten.

Am 20. April 2000 gab Ali Chanaa im Prozess eine Erklärung ab, die auch den hier geschilderten Ablauf weitgehend deckt. Nach Chanaas Darstellung erklärte sich auch Musbah Eter. Beide Geständnisse waren davon geprägt, den eigenen Tatbeitrag als möglichst gering darzustellen und die Initiative den anderen Angeklagten zuzuschreiben. Es ist also zu vermuten, dass nicht alles der Wahrheit entsprach, was Chanaa vor Gericht sagte. Andere Angaben zum Geschehen am Abend vor der Tat in der Wohnung Verena Chanaas gibt es aber nicht.

Im Kern wird sein Bericht stimmen. Ali Chanaa schilderte jene Stunden, als seine Ex-Frau und deren Schwester in die Diskothek fuhren und die Bombe detonierte, als Menschen starben und Verletzte um Hilfe riefen. Gleichzeitig zogen die Täter durch Bars und Kneipen. Ihr rastloses Umherirren im nächtlichen Berlin verrät deutlicher als alles andere die Ziellosigkeit des Terrors und die Sinnentleerung des vermeintlichen Widerstandes. Menschen sind zu fremdbestimmten Werkzeugen geworden. Doch selbst wenn es sich in Datails anders zutrug, als von Ali Chanaa beschrieben: Authentisch ist der Text allemal. Sein Geständnis war die erste umfassende Schilderung der Ereignisse im Prozess.

»Eter sagte, dass man keinesfalls zusammen die Wohnung verlassen sollte. Er bestimmte, dass er allein als Erster die Wohnung verlassen würde. Wir sollten dann einzeln nacheinander in einigem zeitlichen Abstand ebenfalls die Wohnung verlassen.

Ich selbst wollte nach Chraidi die Wohnung verlassen, weil ich noch den Versuch unternehmen wollte, Verena davon zu überzeugen, diese ganze Aktion nicht durchzuführen. Offensichtlich war jedoch Chraidi misstrauisch wegen meiner vorangegangenen

Vorhaltungen, bevor Eter in die Wohnung gekommen war, und bestimmte in barschem Ton, der keinen Widerspruch duldete, dass er mit mir zusammen die Wohnung verlassen würde. Dies haben wir dann auch getan.«

Keine Frage, Ali Chanaa möchte mit dieser Diktion den Einruck erwecken, er habe mäßigend auf seine Ex-Frau einwirken wollen.

Unmittelbar nach Beginn des Verfahrens hatte Musbah Eter einige Prozesstage lang gesprochen. Demnach hatte das Kreuzberger Quintett lediglich eine Attrappe zusammen gebaut, während die Bombe von einer »italienischen Gruppe« im La Belle abgelegt worden sei. Chanaas Version hingegen war umfassend, wohl formuliert und von seinen Verteidigern vorgelesen worden. Offensichtlich war das Geständnis mit seinen Anwälten abgesprochen. Es war ein taktisches Geständnis. Dennoch konnte Chanaa dadurch Pluspunkte sammeln. Er hatte als erster ausführlich die Planung und Durchführung des Anschlages aus seiner Sicht dargestellt.

»Verena und Andrea verließen als Letzte die Wohnung, wobei ich heute nicht mehr sagen kann, ob während der Zeit bis zum Verlassen der Wohnung durch mich und Chraidi Andrea schon wieder aus dem Bad gekommen war. Es kann durchaus auch sein, dass sie das Bad erst verlassen hat, als Chraidi und ich schon gegangen waren. Auf dem Weg zur U-Bahn haben wir nicht viel geredet.

Ich weiß aber noch, dass Chraidi – nunmehr in etwas versöhnlicherem Ton – mir den Vorhalt machte, dass ich wohl nicht so begeistert von dieser Aktion sei.

Offensichtlich war er bis dahin davon ausgegangen, dass ich voll hinter seinen politischen Zielen und auch hinter dieser Aktion stehen würde. Ich erklärte ihm, dass diese Art der Auseinandersetzung nicht die meine sei. Im übrigen sei es doch wohl nicht die Angelegenheit der Palästinenser, sondern eine Geschichte zwischen den USA und Libyen. Außerdem machte ich ihm Vorwürfe, dass er Verena in die ganze Angelegenheit mit hineingezogen hatte, die nun überhaupt nichts mit den politischen Auseinandersetzungen zu tun habe. Ich glaube, dass er mir hierauf keine Antwort gegeben hat. Zumindest erinnere ich mich nicht daran. In diesem Zusammenhang fragte ich ihn, warum er mich in die ganze Sache mit eingebunden habe, das heißt konkret, warum er mich in die Wohnung bestellt habe.

Seine Antwort war sinngemäß, so habe ich es zumindest verstanden, dass ich ja nun durch meine Anwesenheit auch unmittelbar in der Sache mit drinstecken würde und von daher wohl meine ›Klappe‹ halten werde.

Ich habe dies so verstanden, dass meine Anwesenheit bei dem Zusammenbau der Bombe und mein Wissen um diesen Anschlag mich daran hindern sollten, anderen davon Mitteilung zu machen.«

Die Frage der Rollenverteilung beim Zusammenbauen der Bombe in der Lindenstraße rückte mit zunehmender Prozessdauer später immer mehr in den Vordergrund. Hier widersprachen sich die beiden Geständnisse Chanaas und Eters grundsätzlich. Während Chanaa sich als passiven Beobachter sah, schob ihm Eter eine aktive Rolle zu. Eter seinerseits reduzierte seine eigene Beteiligung auf die bloße Anwesenheit.

Chanaa: »Es kann durchaus sein, dass Chraidi zu diesem Zeitpunkt schon den Verdacht hatte, dass ich Informationen an das MfS weitergeben würde.

Ich weiß noch, dass er dann das Thema wechselte und mir vielleicht noch unter dem Vorhalt von mir, warum er Verena in diese ganze Angelegenheit mit hineingezogen habe, unvermittelt sagte, dass Eter eigentlich die Absicht gehabt habe, die Zeituhr so einzustellen, dass Verena mit in die Luft gehen würde. Er habe dies jedoch verhindert unter Hinweis auf seine Bekanntschaft beziehungsweise Freundschaft zu Verena und dem Kind.

Außerdem sei dies von Eter verworfen worden, weil über die mögliche Identifizierung von Verena die Spur auf mich gelenkt würde, was wiederum die Möglichkeit eröffnen würde, dass sie selbst, also Eter und Chraidi, über mich in den näheren Täterkreis einbezogen werden könnten.

Wir sind am Halleschen Tor in die U-Bahn gestiegen und bis Bahnhof Friedrichstraße gefahren. Wir sind durch die Grenzkontrollen nach Ost-Berlin gegangen. Vom Bahnhof sind wir mit einem Taxi in das Palasthotel gefahren.

Das heißt, ich kann heute nicht mehr mit Bestimmtheit sagen, ob wir mit einem Taxi gefahren sind oder ob wir den Wagen von Chraidi benutzt haben. Jedenfalls sind wir direkt in das Palasthotel gefahren.

Nach meiner heutigen Erinnerung kann dies gegen 23.00 Uhr gewesen sein, die genaue Zeit kann ich nicht mehr sagen. Wir sind dann über den Nebeneingang in das Palasthotel gegangen. Es handelt sich dabei um den Eingang, an dem sich nicht die Rezeption befindet, sondern neben dem Cafe vom Palasthotel geht man hinein und dann über eine Treppe hinauf zur Kaminbar. Diesen Eingang haben wir benutzt.

Auf der Treppe zur Kaminbar kam uns Ali Keshlaf entgegen. Er sah uns beide und fragte, an Chraidi gerichtet, wo Musbah sei. Chraidi antwortete ihm, dass Eter 10 Minuten vor uns gegangen sei und eigentlich schon hier sein müsste.

Ali Keshlaf machte sich sichtlich Sorgen, was ich seinem Gesichtsausdruck und auch der Art seiner Frage entnehmen konnte.

Wir sind dann zu dritt die Treppe hoch in Richtung Kaminbar gegangen.

Chraidi und Ali Keshlaf bogen oben ab nach rechts in Richtung Kaminbar. Dort sind mehrere Sitzgarnituren, eine Art Lounge. Ich bin oben an der Treppe nach links herum gegangen. Dort befinden sich zwei Münztelefone, die von der Treppe aus, also auch von der Lounge aus, nicht gut einsehbar waren. Es waren keine Kabinen, sondern Münztelefone, die an der Wand angebracht waren mit entsprechenden Plastikabdeckungen. Ich habe dort das erforderliche Geld in den Automaten gesteckt und die Nummer gewählt, die ich von meinem Führungsoffizier Borchardt bekommen hatte für den Fall, dass ich ihn dringend erreichen müsste. Ich hatte insgesamt zwei Nummern, unter denen ich ihn erreichen konnte. Die eine war nur für dringende und

Notfälle vorgesehen. Diese wählte ich. Ich kann die Nummer heute nicht mehr sagen. Damals hatte ich diese Nummer im Kopf, weil Borchardt mir gesagt hatte, dass diese nur in absoluten Notfällen anzurufen sei (…)

Ich erinnere mich an eine Begebenheit, bei der ich diese Nummern vernichtet habe. Als ich im Jahre 1990 verhaftet worden bin, hatte ich mein Notizbuch bei mir. Ich habe die erste Seite herausgerissen und aufgegessen, es waren, glaube ich, die Seiten für die Buchstaben A und B.

Ich erinnere mich auch daran, dass Herr Chmielorz *(der vernehmende Beamte des Staatsschutzes – d. A.)* mich seinerzeit gefragt hat, warum ich diese Teile des Notizbuches durch Herunterschlucken vernichtet habe. Ich habe ihm ohne nähere Erläuterung damals gesagt, dass dort die Telefonnummern des MfS aufgeschrieben waren.

Über diesen Anschluss erreichte ich meinen Führungsoffizier nicht, sondern einen anderen männlichen Mitarbeiter des MfS, den ich nicht kannte. Ich bat ihn, dringend Borchardt zu benachrichtigen, ich müsse ihn ganz dringend sprechen. Es dauerte eine ganze Weile, in der offensichtlich irgendwelche Vermittlungsversuche zu einer anderen Leitung getätigt wurden. Das heißt, mir kam die Zeit jedenfalls sehr lange vor, da ich unter dem Druck stand, dass niemand mitbekommen sollte, dass ich telefoniere, und vor allem nicht, mit wem. Es mag vielleicht eine halbe bis eine Minute gewesen sein, bis sich der Anschlussteilnehmer erneut meldete und mir sagte, dass er Borchardt nicht erreiche, ich ihm aber eine Nachricht übermitteln könne, wenn dies dringend sei. Ich sagte ihm daraufhin, dass er Borchardt jedenfalls ganz schnell darüber informieren sollte, dass heute Nacht in der Diskothek La Belle eine Bombe gezündet werden solle.

Ich hatte dies kaum ausgesprochen, als ich Chraidi um die Ecke des Flures kommen sah, sagte nur noch ›Tschüß‹ zu dem Anschlussteilnehmer und legte auf.

Chraidi stellte mich sofort zur Rede und fragte, mit wem ich telefoniert habe. Ich sagte ihm, ich hätte versucht, Birgit *(Birgit Goan, seine Freundin – d. A.)* telefonisch zu erreichen. Chraidi gab sich offensichtlich damit zufrieden, jedenfalls hakte er nicht nach. Allerdings entnahm ich seinem Gesichtsausdruck, dass er misstrauisch war. Er forderte mich sodann auf, mit ihm mitzukommen. Wir sollten gemeinsam zu ihm nach Hause fahren. So geschah es dann auch.

Ich erinnere mich noch daran, dass wir auf dem Weg aus dem Hotel heraus – ich meine, dass es schon im Erdgeschoss in der Nähe des Ausgangs war – Eter trafen, der offensichtlich jetzt erst in das Palasthotel gekommen war. Es gab eine kurze Unterredung zwischen Chraidi und ihm, in der vereinbart wurde, dass man sich später im Lindencorso treffen wolle.«

Chanaas Darstellung erregte im Prozess Musbah Eters Zorn. Um Handgreiflichkeiten zwischen den beiden Angeklagten zu vermeiden, setzte das Gericht einen Wachtmeister zwischen die beiden.

»Wir verließen das Hotel und fuhren mit Chraidis Wagen – hier bin ich sicher, dass sein Wagen benutzt wurde – vom Hotel in seine Wohnung in Lichtenberg. Chraidis Frau war zu Hause, als wir dort eintrafen. Wir blieben nicht all zu lange in der Wohnung. Ich weiß auch noch, dass Chraidi in der Zeit telefoniert hat. Es waren mehrere Telefonate. Nach meiner heutigen Erinnerung hat er selbst einen Anruf getätigt. Ein oder zwei Anrufe sind bei ihm eingegangen. An den Gesprächsinhalt kann ich mich nicht genau erinnern.

Er war jeweils sehr kurz angebunden, das heißt von seiner Seite wurde nicht sehr viel gesprochen. Er hat nur mit ›ja‹ oder ›nein‹ oder ähnlich geantwortet.

Danach sind wir ins Lindencorso gefahren, wo wir gegen 2.00 Uhr morgens eintrafen. In der Bar war es ziemlich voll. Es waren eine Menge Araber dort, von denen ich einen Teil kannte. Ich erinnere mich an Hamadi, Abu Jabber, ich glaube auch dessen Bruder Mahmoud, Saleh Hadba und einen Libyer namens Mounier gesehen zu haben. Es waren sicher noch mehr Araber dort, die mir aber jetzt nicht mehr erinnerlich sind. Ich weiß ferner genau, dass in der Bar hinten links in der Ecke an dem Tisch, der eigentlich immer für Chraidi reserviert war – jedenfalls saß er immer an diesem Tisch – Eter saß, und zwar zusammen mit Ali Keshlaf.

Chraidi ging schnurstracks auf diesen Tisch zu, während ich mich zunächst noch mit anderen Leuten unterhielt. Ich erinnere mich daran, dass ich mit einer Manuela gesprochen habe, sie war dort ständig. Ich hatte mich einmal näher für Manuela interessiert und wusste von daher auch, wo sie früher gewohnt hat, nämlich in der Kastanienallee.

Ich muss dazu sagen, dass ich mich nicht an den Tisch zu Ali Keshlaf setzten wollte, jedenfalls nicht, solange er dort war. Ich hatte ein ausgesprochen schlechtes Verhältnis zu ihm. Dies war wechselseitig, ich glaube auch, dass er mich nicht mochte. Es kann sein, dass auch Elamin noch mit an dem Tisch saß, der nach meiner Erinnerung zusammen mit Keshlaf nach einigen Minuten die Bar verließ.

Als ich sah, dass Keshlaf ging, setzte ich mich auch an den Tisch zu Chraidi und Eter. Chraidi trank – wie immer – einen Gin Tonic. Ich bestellte mir Sekt. Eter trank wie immer Saft. Er trinkt nie Alkohol.

Ich bin dann mehr oder weniger hin und her gegangen. Ich war zum Teil an der Bar, bin auch an andere Tische gegangen und habe mich mit Leuten unterhalten. Ich kann mich nicht erinnern, ob die Zeugin Klopsch an unserem Tisch zeitweise gesessen hat. Dies kann möglich sein, aber ich habe hieran keine Erinnerung. Ich kann mich daran erinnern, dass Chraidi zwei- oder dreimal zum Telefon ging. Es gab im Lindencorso ein Telefon außerhalb der Bar auf dem Weg zu den Toiletten. Ich hatte mitbekommen, dass Chraidi sich vom Tisch erhob und nach draußen ging. Ich bin ihm nachgegangen und stellte fest, dass er telefonierte. Ich ging zur Toilette. Ich habe nicht mitbekommen, mit wem oder was er telefoniert hatte. Das ganze wiederholte sich einige Zeit später noch einmal, wobei ich auch diesmal nicht mitbekam, mit wem er telefonierte. Jedenfalls kam er dann zurück und sagte, zu mir und Eter gewandt, dass noch nichts passiert sei. Einige Zeit danach – wir waren etwa anderthalb bis zwei Stunden im Lindencorso – sagte Chraidi, dass wir aufbrechen würden. In dieser Situation habe ich zum ersten Mal bewusst die Frau Klopsch wahrgenommen. Sie ging mit uns aus der Bar und stieg ins Auto ein. Mir wurde aus der Unterhaltung klar, dass die Frau Klopsch eine Bekannte oder Freundin von Eter sein musste.

Wir stiegen in den Wagen von Chraidi ein, der vor dem Lindencorso geparkt war. Chraidi fuhr, neben ihm auf dem Beifahrersitz saß Eter, ich saß hinten rechts und Frau Klopsch saß hinter dem Fahrer, also hinter Chraidi.

Chraidi fuhr zunächst in Richtung Grenze, dort nahm er eine kleine Straße, die parallel zum Grenzstreifen führte. Meines Erachtens war es die letzte überhaupt noch befahrbare Straße vor dem Grenzstreifen. Chraidi und Eter drehten jeweils ihre Fenster herunter und sagten dazu, dass man möglicherweise den Knall hören könne. Die gesamte Unterhaltung wurde auf arabisch geführt, so dass ich davon ausgehe, dass Frau Klopsch hiervon überhaupt nichts mitbekommen haben konnte.

Wir fuhren bis zum Checkpoint Charlie, daran kann ich mich noch erinnern. Dann eine Runde Richtung Brandenburger Tor und wieder zurück, vorbei am Lindencorso, und dann auf direktem Wege von dort zum Hotel Berolina. Ich muss dazu ergänzen, dass nach meiner Erinnerung während der ganzen Autofahrt das Radio lief. Es war allerdings auf leise gestellt, was wohl damit zu tun hatte, dass die beiden ›den Knall‹ hören wollten, weshalb sie ja auch mit geöffneten Fenstern möglichst nah an der Grenze entlang fuhren.

Ich kann keine genaue Zeitangabe machen, wann wir vor dem Hotel Berolina eintrafen. Nach meiner Erinnerung müsste es vor 5.30 Uhr gewesen sein. Wenn ich den Ablauf rekonstruiere, haben wir jedenfalls vor 5.00 Uhr das Lindencorso verlassen, das schloss um 5.00 Uhr, und wir sind sicher vor Schließung der Bar dort losgegangen. Die Fahrzeit mit den Umwegen kann nach meiner Erinnerung durchaus 20 bis 25 Minuten gedauert haben.

Ich weiß allerdings aus der Beweisaufnahme, dass die Nachrichten über den Anschlag um 6.00 Uhr im RIAS durchgegeben worden sein sollen. Ich habe immer das Gefühl gehabt, dass dies früher gewesen sein müsste. Jedenfalls war es so, dass wir zusammen im Auto vor dem Hotel Berolina gewartet haben, und zwar vor dem Haupteingang. Der Wagen stand auf der linken Seite in einer Parkbucht, parallel zum Eingang des Hotels. Das Radio war eingeschaltet. Ich kann nicht sagen, welcher Sender lief, aber es kann durchaus sein, dass es der RIAS war.

Chraidi sagte, dass wir noch die Nachrichten hören wollten und dann zum gemeinsamen Frühstück in das Hotel gehen würden. Es war auch nicht viel Zeit vergangen, als die Nachrichten begannen. Gleich als erstes kam nach meiner Erinnerung die Nachricht über einen Anschlag auf eine Diskothek in West-Berlin. Ich kann mich noch genau daran erinnern, dass auch in den Nachrichten mitgeteilt wurde, dass nicht genug Rettungswagen zur Verfügung stehen würden und die Taxifahrer gebeten wurden, sich zur Verfügung zu stellen, um verletzte Personen abzutransportieren.

Die beiden vorne, also Chraidi und Eter, haben sich sichtlich gefreut und angemerkt, dass sie gute Arbeit geleistet hätten.

Ich war innerlich sehr betroffen. Mir kamen Bilder eigener Erlebnisse aus dem Libanon vor Augen, von Geschehnissen, die ich im Bürgerkrieg im Libanon selbst mitbekommen habe. Ich habe dort Granateneinschläge miterlebt und furchtbar verletzte und verstümmelte Personen gesehen. Es war meine Vorstellung, dass es dort möglicherweise – jedenfalls so aus den Nachrichten zu entnehmen – so aussehen müsste (...) Ich habe versucht, diese Betroffenheit nicht nach außen zu zeigen. Ich habe auch nichts gesagt. Ich halte es für gänzlich falsch und ausgeschlossen, dass ich mich in der Situation so habe verstellen können, dass man dies als Freude deuten könnte.

Ich bin absolut sicher, dass ich sehr ruhig und in mich gekehrt auf meinem Sitz im Auto gesessen habe. Ich konnte auch gar nichts sagen, weil mir dies in dieser Situation nicht möglich war.

Mir schoss auch der Gedanke durch den Kopf, dass es offensichtlich nicht gelungen war, rechtzeitig die West-Berliner oder amerikanischen Behörden zu benachrichtigen.

Gleich nach Beendigung der Nachrichten über den Anschlag ist Eter zunächst allein ausgestiegen und in die Hotelhalle gegangen. Er sagte noch vor Verlassen des Pkw, dass er jetzt schnell zum Telefonieren in die Halle gehen würde, um mit Elamin zu telefonieren und ihm die Mitteilung über den erfolgten Anschlag zu machen. Nach kurzer Zeit kam er zum Auto zurück, setzte sich wieder auf den Beifahrersitz, teilte mit, dass er Elamin benachrichtigt habe und dass man nunmehr zum Frühstück gehen könne, was dann auch geschah.

Ich möchte hier noch einflechten, dass die gesamte Unterhaltung – und zwar sowohl über den Anschlag und die Bemerkungen von den beiden hierzu als auch über das Telefonat – ausschließlich in arabischer Sprache geführt wurde.

Wir sind dann gemeinsam in den Frühstückssaal gegangen, wo das Frühstücksbüfett aufgebaut war. Die drei haben gefrühstückt, während ich nichts herunterbringen konnte.

Ich habe nur Kaffee getrunken. Mir ist überhaupt nicht erinnerlich, dass Frau Klopsch sowohl im Auto als auch später beim Frühstück irgend etwas gesagt hat, was im Zusammenhang mit dem Anschlag gestanden haben könnte. Vielleicht habe ich dies auch nicht mitbekommen, weil ich mich innerlich immer noch nicht von den Bildern lösen konnte, die mir vor Augen waren.

Das Frühstück hat nach meiner Erinnerung etwa eine halbe Stunde gedauert.

Wir verließen gemeinsam das Hotel und gingen zu Chraidis Auto. Ich kann nicht sagen, ob Frau Klopsch sich ein Taxi nahm, um nach Hause zu fahren, oder ob Chraidi sie noch bis zum Bahnhof Lichtenberg mitnahm, damit sie von dort aus nach Hause fahren konnte. Jedenfalls fuhren letztlich wir drei – also Chraidi, Eter und ich – in die Wohnung von Chraidi in die Hans-Loch-Straße.

Es wurde sodann darüber gesprochen, dass ein ›Bekennerbrief‹

verfasst werden müsste. Die Idee hierzu kam nach meiner Erinnerung von Eter. Es wurde darüber geredet, ob man dies schriftlich oder mit einem Anruf machen sollte. Die Entscheidung ging dann dahin, dass ein Anruf ausreichen würde, der Text hierzu wurde jedoch von Eter und Chraidi zusammen vorher in arabischer Schrift zu Papier gebracht, das heißt: Eter schrieb das Ergebnis der Diskussion auf ein Stück Papier.

Es wurde sodann darüber zwischen den beiden besprochen, von wo aus man anrufen sollte. Vom Telefon in der Wohnung aus sollte dies nicht erfolgen.

Nach einigem Hin und Her wurden die beiden sich einig, dass man das am besten vom Palasthotel aus machen sollte. Ich war an dieser Diskussion so gut wie nicht beteiligt.

Es war zwischen den beiden klar, dass der Anschlag eine Reaktion auf den Angriff der USA auf Libyen darstellen sollte, entsprechend wurde auch nach meiner Erinnerung der Text verfasst. Ich hatte mit der Auseinandersetzung zwischen Libyen und den USA nie etwas zu tun und habe mich auch entsprechend verhalten.

Wir verließen zu dritt wieder die Wohnung und fuhren in das Palasthotel. Wir betraten dies gemeinsam. Im Hotel gibt es neben dem Eingang zur Sinusbar ein Münztelefon, das dann auch benutzt wurde.

Es war zuvor darüber geredet worden, ob man bei der BZ-Redaktion anrufen sollte oder bei der West-Berliner Polizei unter 110. Letztlich entschied Eter, dass die BZ angerufen werden sollte. Er hatte auch die Telefonnummer dabei. Eter wählte auch selbst diese Nummer an, nachdem er zuvor Münzen in den Telefonapparat geworfen hatte. Das Gespräch beziehungsweise die Mitteilung erfolgte dann durch Chraidi, der von Eter nach Herstellung der Verbindung den Hörer überreicht bekommen hatte.

Ich habe von dem Telefonat nur soviel mitbekommen, dass Chraidi zunächst auf Deutsch etwas sagte, was sinngemäß dahin ging: Nehmen Sie auf. Sodann sprach er eine kurze Mitteilung auf Arabisch, die dem entsprach, was auf dem Zettel vorher notiert worden war und sinngemäß lautete, dass der Anschlag auf das La Belle eine Antwort auf die US-Angriffe auf Libyen sei.

Es wurde dann auch noch zumindest der Versuch unternommen, die West-Berliner Polizei unter 110 anzurufen.

Ich bin mir nicht sicher, ob dies auch tatsächlich gelungen ist. Jedenfalls wurde dort genauso verfahren. Ich bin mir heute auch nicht mehr so ganz sicher, ob der Versuch, die Polizei anzurufen, vor der Mitteilung an die BZ lag oder so, wie ich es eben hier geschildert habe. Ich weiß auch nicht, wo letztlich dann einer dieser Anrufe angekommen ist.«

Weder bei der BZ noch bei der Polizei ist der Eingang eines »Bekenneranrufs« dokumentiert.

»Wir haben dann zunächst gemeinsam das Palasthotel verlassen. Eter wollte ins Hotel Berolina, wo Chraidi ihn wohl auch hinfuhr. Ich bin dann nach Hause gefahren in die Wohnung von Birgit Goan. Auf der Treppe kam mir Birgit entgegen, die zur Arbeit wollte. Ich bot ihr an, sie mit ihrem Auto zu fahren, weil ich auch für diesen Tag das Auto zur Verfügung haben wollte.

Ich kehrte dann anschließend in die Wohnung zurück und legte mich ein bis zwei Stunden hin, weil ich völlig erschöpft war. Danach rief ich von einer Telefonzelle vom Boxhagener Platz aus meinen Führungsoffizier Borchardt an und fragte ihn, ob er meine Mitteilung übermittelt bekommen habe. Er sagte nur, dass wir uns gleich treffen müssten.

Dies geschah auch kurze Zeit danach, das heißt ich fuhr zu ihm in die konspirative Wohnung in der Wisbyer Straße.

Dort erklärte ich ihm, was in der Nacht abgelaufen war. Ich muss dies allerdings einschränken. Ich habe an diesem Tag Borchardt zunächst nur das erzählt, was sich in Ost-Berlin ab meinem Aufenthalt im Palasthotel ereignet hatte. Ich habe ihm die Sache so dargestellt, dass ich aus den Erzählungen von Chraidi wisse, was sich in der Diskothek La Belle abgespielt habe. Unmittelbar nachdem ich dies erfahren hatte, hätte ich den Anruf beim MfS getätigt. Dies entsprach ja auch dem tatsächlichen Geschehensablauf. Ich habe ihm aber meine eigenen Beobachtungen in der Wohnung von Verena vorenthalten. Ich war unsicher, ob ich sie gegenüber dem MfS mit in die Sache hineinziehen sollte. Sie war die Mutter unseres Sohnes. Ich war selbst sehr überrascht gewesen, dass sie sich in diese Sache hatte einbinden lassen und habe unmittelbar nach diesen ganzen Erlebnissen nicht entscheiden können, ob das für das MfS von Bedeutung war und welche Folgen es für Verena und unseren Sohn haben könnte.

Soweit ich es sagen kann, entspricht der von Borchardt verfasste Vermerk vom 5. April 1986 im Wesentlichen – nach meiner Erinnerung jedenfalls – dem, was ich ihm gesagt habe. Ich habe ihm an diesem Tage nach meiner Erinnerung gesagt, dass ich sehr wenig geschlafen hätte und wir ein ausführliches Gespräch über die Nacht führen sollten, aber nicht heute. Ich wollte auf diese Art Zeit gewinnen, um eine Entscheidung darüber zu treffen, ob ich dem MfS wirklich alles mitteile, was tatsächlich geschehen war. Der nächste Kontakt zu Borchardt war dann einige Tage später, wobei das Wochenende dazwischenlag. Ich meine, es sei Dienstag gewesen, der 8. April. Wir trafen uns wieder in der Wisbyer Straße. Ich war bis zu diesem Zeitpunkt immer noch unentschlossen, wie ich mich bezüglich des Verlaufs verhalten sollte.

Ich berichtete von dem Telefonat, das Chraidi und Verena geführt hatten. Chraidi hatte mir davon erzählt, und ich habe den Inhalt dieses Gespräches dem MfS so wiedergegeben. Das Telefonat war am 7. April 1986 geführt worden. Chraidi hatte mir davon noch am gleichen Tage berichtet, d. h. er hatte mir von Verena ausgerichtet, dass sie mich sehen wolle. Ich hatte Chraidi gefragt, wieso sie mich sehen wolle? Sie könne doch mit ihm reden, was Chraidi jedoch nicht wollte. Er könne nicht nach drüben fahren, sagte er.

So habe ich dieses Gespräch gegenüber den beiden MfS-Mitarbeitern nach meiner Erinnerung berichtet. Ich weiß noch, dass von Borchardt die Rückfrage kam, ob die Polizei sich bei Verena gemeldet habe, und warum sie mich sehen wolle.

Ich sagte ihm, dass ich keinerlei Erkenntnisse darüber hätte und nicht wüsste, was da los sei. Ich bin sicher, dass ich ihm nichts darüber gesagt habe, dass dort alles ruhig sei oder etwas in diesem Sinne. Ich nehme an, dass er dies aus meiner Erklärung hergeleitet hat, dass ich von Chraidi jedenfalls bezüglich dieses Telefonats keinen Hinweis darauf hatte, dass irgendwie polizeiliche Aktionen bei Verena abgelaufen seien. Da ich selbst jedoch unruhig war über den Wunsch Verenas, mit jemandem zu reden, bestand ich gegenüber den MfS-Beamten darauf, dass ich so schnell wie möglich nach West-Berlin reiste. Ich machte mir Sorgen um Wesam. Ich wollte auf jeden Fall wissen, was der Grund ihres Anrufes und ihres Wunsches gewesen war.

In dieser Situation habe ich mich – so kann ich dies rückblickend wohl sagen – innerlich entschieden, dem MfS nichts über die Vorbereitung zum Bau der Bombe in Verenas Wohnung zu sagen. Hätten sie an dieser Stelle nachgefragt, was Verena mit diesem Anschlag zu tun habe, hätte ich womöglich anders gehandelt. Sie fragten jedoch nicht nach.

Ihre Sorge galt offensichtlich mehr der Möglichkeit, dass ich bei der Einreise nach West-Berlin über Verena oder wie auch immer in den Fahndungsbereich der West-Berliner Behörden kommen könnte. Daher wurde ich ausführlich darüber in Kenntnis gesetzt, was ich dort sagen sollte, wenn die West-Berliner Polizei oder sonstige westliche Dienste mich befragen würden.«

Das MfS hielt die Rückkehr Chanaas in den Westteil offenbar für gefährlich. Wussten sie also doch mehr, als Chanaa in seiner Darstellung glauben machen wollte?

»Ich habe auch in der Folgezeit mich nicht entschließen können, gegenüber dem MfS über die Geschehnisse in der Wohnung von Verena vor dem Anschlag zu berichten. Je größer der zeitliche Abstand wurde, desto größer wurden meine Befürchtungen, vom MfS fallengelassen zu werden oder dass diese Informationen an Mitarbeiter des libyschen Volksbüros – natürlich auf informellen Kanälen – weitergegeben werden könnten.

Außerdem befürchtete ich, unter Umständen keine Einreisemöglichkeit mehr in die DDR beziehungsweise nach Ost-Berlin zu erhalten und damit von meiner damaligen Lebensgefährtin abgeschnitten zu werden. Mir war in dieser Situation bewusst, dass ich – ungewollt – sehr weit in die Situation hineingeraten war und damit auch verstrickt werden könnte. Ich hatte jedenfalls diese Befürchtung unmittelbar in dieser Phase.

Rückblickend kann ich sagen, dass vielleicht auch noch dazu kam, mich so zu verhalten und nicht meine Beobachtungen voll zu offenbaren, weil ich außerordentlich betroffen darüber war, dass meine Warnung vor dem Anschlag an das MfS nicht dazu gedient hatte, diesen Anschlag zu verhindern. Nach meiner Auffassung wäre noch Zeit genug gewesen, die West-Berliner Behörden zu unterrichten, was jedoch nicht geschehen war. (...)

Vielleicht wollte ich auf diesem Wege dem MfS auch nicht das Verdienst zukommen lassen, eine vollständige Aufklärung liefern zu können.

Ich bin am gleichen Tage noch nach West-Berlin gefahren und habe dort auch Verena getroffen. Sie machte einen relativ ruhigen Eindruck und erzählte mir, dass Andrea versucht habe, sich aus dem Fenster im 9. Stock zu stürzen, um sich das Leben zu nehmen. Sie selbst könne mit ihr nicht reden und bat darum, ob ich dies nicht machen könne. Andrea habe nichts damit zu tun, und das solle ich ihr so vermitteln.

Mein Führungsoffizier und die übrigen Mitarbeiter des MfS, mit denen ich Kontakt hatte, waren natürlich verstärkt an Informationen aus der Gruppe um Chraidi und Eter interessiert. Es war in der Folgezeit nicht nur so, dass ich Informationen sammeln und berichten sollte, sondern ich wurde regelrecht beauftragt, an den beiden und ihrem Umfeld dranzubleiben, um möglichst viel an Informationen zu erfahren und weiterzugeben.

Für mich war dies angesichts des Anschlags schwierig. Ich hätte am liebsten einen Schnitt gemacht und den Kontakt nur auf das Notwendigste reduziert.

Wie ich später aus den Akten erfahren habe, war wohl dies auch der Anlass für das MfS, mich vom IMS (Inoffizieller Mitarbeiter für Sicherheit, d. A.) zum IMB (Inoffizieller Mitarbeiter mit Feindberührung, d. A.) vorzuschlagen. Dies ist mir zwar seinerzeit nicht mitgeteilt worden, jedoch waren die Bemühungen aus meiner Erinnerung sehr deutlich, dass ich intensiv an der Gruppe um Chraidi und Eter dranbleiben sollte und dass ich auch das volle Vertrauen des MfS hatte.«

IMS waren Inoffizielle Mitarbeiter der Abwehr »zur politisch-operativen Durchdringung« im Verantwortungsbereich, IMB hatten »Feindverbindung« und »bearbeiteten« Personen, die im Verdacht der Feindtätigkeit standen. Chanaa wurde also inzwischen als IM qualitativ höher bewertet als vordem. Das muss aber nicht zwangsläufig mit ihm zu tun gehabt haben – vielleicht lag es auch an dem erhöhten Interesse, das das MfS dem Kreis, in dem er verkehrte, nun beimaß.

»Ich habe nie recht verstanden, warum die DDR-Ermittlungsbehörden die von mir an das MfS gelieferten Informationen nicht umsetzten. Nach meiner Auffassung hätte aufgrund meiner Informationen allemal Anlass bestanden, ein Ermittlungsverfahren einzuleiten und auch die Betroffenen zu überführen. Ich hatte immer den Eindruck, dass die DDR aus Rücksicht auf Libyen und möglicherweise auch aus Angst vor irgendwelchen Racheakten dies nicht umsetzen konnte oder wollte.

Auf der anderen Seite bekam ich über meinen Führungsoffizier und die übrigen mir bekannten Mitarbeiter des MfS immer wieder signalisiert, dass sie an allen Informationen hoch interessiert seien und ich auch aus diesem Grunde weiterhin eng an den wesentlichen Personen dranbleiben sollte.

Dies ist ja auch noch Jahre nach dem Anschlag so gewesen.

II. Schlag und Gegenschlag

»An der Linie des Todes«

Libyen rückte schon vor dem Anschlag in Berlin ins Zentrum internationaler Aufmerksamkeit. Das Land im Norden Afrikas, mehr als anderthalb Millionen Quadratkilometer groß, nannte sich seit 1977 offiziell »Sozialistische Libysch-Arabische Volksrepublik«. De-facto-Staatsoberhaupt, aber offiziell ohne Amt, war der »Führer der Revolution« Oberst Muammar Gaddafi. Er hat 1969 einen Militärputsch kommandiert, bei dem der seit 1951 herrschende König gestürzt wurde.

97 Prozent der mehr als 5 Millionen Libyer bekannten sich zum Islam. Dieser war Staatsreligion und wohl Hauptmotiv für den politikbestimmenden panarabischen Nationalismus. 1970 wies man nahezu alle Italiener – Angehörige der ehemaligen Kolonialmacht – aus und verstaatlichte ausländische Erdölgesellschaften (darunter drei große aus den USA), Banken und Versicherungen. Nach Nigeria förderte Libyen das meiste Öl in Afrika. Und: Die amerikanische *Wheelus Air Force Base* in der Nähe von Tripolis war geschlossen worden.

Wiederholt versuchte Libyen in der Folgezeit, mit anderen arabischen Staaten islamische Staatenbündnisse zu etablieren. Doch alle Bemühungen scheiterten. So engagierte man sich selbst (etwa im Bürgerkrieg im benachbarten Tschad 1980) oder unterstützte jene, die die »arabische Sache« vertraten. Viele Milliarden Petro-Dollar waren seither für Waffen ausgegeben worden. Zudem sollte nach unbestätigten Gerüchten in Rabta eine Giftgasfabrik im Bau sein.

All diese Momente hatten die Hauptmacht der westlichen Welt nachhaltig sensibilisiert. Als Supermacht fühlte sie sich schon seit geraumer Zeit wie ein Weltpolizist für alles zuständig, was auf dem Globus nach ihren Vorstellungen schieflief. Libyen war nach diesem Politikverständnis ein »Schurkenstaat«. Zumal es namentlich jene Kräfte unterstützte, die gegen den Staat Israel operierten. Die »Palestina Liberation Organization« (PLO), der seit 1964 existierende politische und militärische Dachverband, welcher für einen unabhängigen arabischen Staat Palästina kämpfte, war Vollmitglied der Arabischen Liga. Die PLO-Charta verpflichtete ihre Mitglieder zum bewaffneten Kampf gegen Israel (erst 1996 sollte dieser Auftrag getilgt werden). Das machte die USA als Hauptverbündeten des Staates Israel auch zwangsläufig zum Hauptfeind der PLO.

Die Führung der PLO saß seit 1982 in Tripolis.

Seit Beginn der 80er Jahre erhöhten die USA ihre Militärpräsenz im Mittelmeer sichtbar. Von Flugzeugträgern erfolgten zunehmend sogenannte Aufklärungs- und Kontrollflüge, mit denen vorrangig der Luftraum über Libyen observiert wurde. In der Großen Syrte, einer Bucht an der 2.000 Kilometer langen Küste des Landes, fanden allein sieben von insgesamt 18 Manöver der US-Streitkräfte im Mittelmeer statt. Zweifellos gehörte die Große Syrte zum internationalen Gewässer, doch Lybien reklamierte die Bucht für sich.

Ungeachtet der Rechtslage: Wenn ausgerechnet dort eine fremde Macht Manöver abhielt, war dies eine militärische und politische Demonstration. Reagan nannte den Revolutionsführer einen »tollwütigen Hund«, und dieser konterte, Amerikas Präsident sei »angesiedelt irgendwo zwischen Mensch und Schwein«. Seit Jahresbeginn 1986 kreuzte die 6. US-Flotte vor der libyschen Küste. Die »Operations in the Vicinity of Lybia« führten zu einer spürbaren Eskalation der ohnehin gespannten Beziehungen zwischen den Vereinigten Staaten und der Gaddafi-Republik.

Der »Revolutionsführer« war daraufhin am 25. Januar in die Große Syrte hinausgefahren und hatte dort die gedachte Linie zwischen Tripolis und El-Beida, den 32. Längengrad, zur »Linie des Todes« erklärt. Wer sie passiere oder überfliege, müsse mit dem Schlimmsten rechnen.

Allein in der Woche vom 11. bis 15. Februar 1986 kam es zu 160

Kontakten mit der libyschen Luftwaffe, aber nicht zu Zwischen-
fällen. Die Amerikaner mit ihren Flugzeugträgern »Coral Sea«,
»Saratoga« und »America« sowie 27 Kriegsschiffen, etwa 250
Kampfflugzeugen und mehr als 28.000 Soldaten zeigten sich von
der »Linie des Todes« unbeeindruckt und zogen weiter ihre
Manöver-Kreise.

Am 23. März 1986 lief die Operation »Präriefeuer« an. Am Vor-
mittag überquerte der Kreuzer »Ticonderoga« die »Linie des
Todes«. Jagdflieger vom Typ F 14 stießen in den Luftraum über
dem Golf. Das Radarleitsystem der libyschen Raketenbatterie
erfasste jedes Flugzeug, das in ihre Reichweite kam. Alle elektronischen Sensoren der amerikanischen Flotte wiederum waren auf
die Raketenbatterie gerichtet. Die Amerikaner lauerten auf eine
Handhabe, ein erstes Zeichen, dass die Libyer eine Rakete star-
ten würden, um ihre Flugzeuge anzugreifen. Dann könnten sie
zurückschlagen.

Kurz vor 14 Uhr Ortszeit verloren die Libyer die Nerven. Als zwei
F 14 etwa 60 Meilen vor der Küste flogen, feuerten sie zwei Boden-
Luft-Raketen vom Typ SAM 5. Die sowjetischen Raketen hatten zwar einen Radius von 240 Kilometern, blieben jedoch gegen
die leistungsstarken Jets chancenlos. Die F 14 stiegen auf eine
Höhe von 90.000 Fuß. Zu hoch für die Raketen, sie platschten
harmlos ins Wasser.

Mit dem Raketenstart hatte Gaddafi den Fehler begangen, auf
den die Hardliner im Weißen Haus gehofft hatten. Das kleine
Libyen hatte es gewagt, die Supermacht USA anzugreifen.

Prompt folgte die Antwort der Amerikaner. Mit einer Harm-Rake-
te wurde umgehend das erste von fünf libyschen Patrouillen-
booten, das in Richtung »Ticonderoga« fuhr, versenkt. Die Hoch-
geschwindigkeitslenkwaffen reagieren auf Strahlen emittierende
Ziele (HARM = Highspeed Anti Radiation Missile). Mit einer
Geschwindigkeit von mehr als vier Mach folgen sie den elektro-
magnetischen Impulsen, die von Radaranlagen abgestrahlt werden, und jagen ins Ziel.

In der Nacht zum 24. März 1986 trafen zwei weitere Harm-Raketen die libysche Raketenbatterie. Ein A7-Kampfflugzeug, das von seinen Konstrukteuren für den Seezieleinsatz konzipiert worden war und 6.800 Kilogramm an Bomben und Raketen transportieren konnte, hatte sie aus 30 Meilen Entfernung abgeschossen. Eine weitere, von Libyern eilig aufgebaute Batterie erlitt vier Stunden später das gleiche Schicksal.

Der Kreuzer »Yorktown«, der Zerstörer »Richmond K. Turner« und zwei A6-Kampfflugzeuge versenkten danach die anderen vier Patrouillen-Boote. Das letzte sank um 7.07 Uhr am Morgen.

Der Kampf des arabischen David gegen den amerikanischen Goliath hatte nur 14 Stunden gedauert.

Gaddafi fühlte sich zwar gedemütigt, aber keineswegs geschlagen. Am 26. März drohte er: »Wenn sie *(die USA – d. A.)* den Kampf fortsetzen wollen, werden wir ihn um die ganze Welt tragen … Es ist Zeit für Konfrontation – für Krieg.«

Die Sphinx von Tripolis

Zum 30. Geburtstag der Revolution 1999 machte Muammar El Gaddafi seinem Volk ein Geschenk. Im größten Stadion der Hauptstadt jubelten Tausende zu diesem Zweck abgeordnete Schulkinder dem Revolutionsführer zu, als er den Prototyp eines libyschen Autos auf der Zeremonienbühne enthüllte. Es sah aus wie einem James-Bond-Film entsprungen und sollte das sicherste Verkehrsmittel der Zukunft sein. *Saroukh El Jamahirija* (»Libysche Rakete«), Volkswagen mit Turbomotor. Ein Fünfsitzer mit getönten Scheiben, das Chassis in Revolutionsgrünmetallic. Nach dem Willen Gaddafis sollte es in nicht allzu weiter Ferne in den Besitz eines jeden Libyers gelangen. »Sie alle sind James Bonds«, sagte der Chef der Autofirma anlässlich der Vorstellung des Wagens. Gaddafi selbst hatte kostbare Stunden seines Arbeitstages damit verbracht, über das Sicherheitskonzept des Schlittens nachzudenken. Der Wagen sollte in der Nähe der Hauptstadt Tripolis in Produktion gehen.

Die autovernarrten Libyer nahmen die Ankündigung am 1. September 1999 äußerlich euphorisch entgegen. Mit 700.000 Autos bei sechs Millionen Einwohnern hat Libyen die höchste Verkehrsdichte in Afrika. Das 30-jährige Bestehen des Revolutionsstaates, und damit das 30 Jahre lange Agieren des Mannes mit dem narbigen Gesicht, hat den Bewohnern des kargen nordafrikanischen Staates nicht nur glückliche Stunden bereitet. Wohlstand und den Sieg über den weltweiten Imperialismus, vor allem aber gegenüber den Erzfeinden USA und Israel, hat er ihnen schon oft versprochen. Doch nach wie vor arbeitet die Mehrheit in der Landwirtschaft, hat Scheinanstellungen im öffentlichen Dienst der Städte des Landes oder ist arbeitslos. Die Libyer bauen Gerste, Weizen, Oliven, Datteln und Feigen an. Die Bewässerung des schmalen fruchtbaren Streifens in Küstennähe stellt auch im 21. Jahrhundert noch eine Herausforderung dar. Daran konnte auch das Öl bislang nichts ändern, das seit Mitte des 20. Jahrhunderts in Libyen gefördert, als einziges Gut in Massen exportiert wird und Devisen in die notorisch knappe Revolutionskasse spült.

Die Libyer sind geduldig geworden mit den Jahren. Wie viele Attentate Gaddafi in den vergangenen Jahrzehnten überlebte, weiß niemand so genau. Wie viele Versprechungen sich später ins Gegenteil verkehrten, will niemand mehr im Nachhinein zählen. Es zählt das Hier und Jetzt. Und da unterscheiden sich die Libyer nicht von anderen Menschen auf der Welt. Coca Cola, Autos, Internet – dazu afroamerikanische Grooves aus den sandigen Transistor-Radios prägen das Lebensgefühl der jungen Leute an der großen Syrte wie überall. Gaddafi hat das Gefühl für die Stimmung im Land verloren, heißt es.

Das alles ficht den Potentaten in seinem Weltbild nicht an. Wie ein Fels in der arabischen Brandung richtet sich sein Lebenswerk gegen die Einflussnahme der kapitalistischen Welt und für ein im Islam geeintes Arabien. Dabei ging er oft genug über Leichen. Skrupellos schaffte er Regierungsmitglieder bei Seite, die offenbar zu lange Teil des Systems – seines Systems – gewesen sind. Das Entstehen einer Opposition ließ er nie zu. Die Welt Muammar Gaddafis dreht sich vor allem um eines – um ihn selbst. In der Rolle des ewigen Revolutionärs hat er es immerhin zu Kultstatus gebracht. Gaddafi ist ein Mann der Selbstinszenierung.

Er trägt Phantasieuniformen und Anzüge von Pierre Cardin. Die müden Augen versteckt er hinter Sonnenbrillen von Porsche oder Armani. Er trinkt täglich frische Kamelmilch. Sein Lieblingsbuch ist »Onkel Toms Hütte«. Als eine der ersten sozialpolitischen Kritikerinnen beschreibt darin die amerikanische Schriftstellerin Harriet Beecher-Stowe das Schicksal eines amerikanischen Sklaven in den Südstaaten im 19. Jahrhundert.

In Imagefragen berät ihn eine deutsche Medienagentur.

Der Mann ist ein Phantom. Man sagt, er schlafe jede Nacht an einem anderen Ort, um sich vor Anschlägen zu schützen. Wachmänner fahren Besucher stunden-, manchmal tagelang durch das Land, bevor sie irgendwo in einem Wüstenzelt für ein paar Minuten den Weg zum Anführer freigeben. Sie nennen ihn auch die Sphinx von Tripolis, weil er unberechenbar ist.

Nicht nur Reagan und Gaddafi verband eine unüberwindbare Feindschaft. Der ägyptische Präsident Anwar Sadat ging noch weiter. Er bezeichnete Gaddafi als den »100-Prozent-Verrückten«. Dessen Gesundheitszustand bietet seit Jahren Anlass zu Spekulationen. Westliche Beobachter meinen eine fortschreitende Nervenerkrankung feststellen zu können. Bei außenpolitischen Auftritten nährt Gaddafi häufig solche Gerüchte, etwa durch die Forderung, die Juden in einem Pufferstaat zwischen Deutschland und Frankreich oder aber in Alaska anzusiedeln, um endlich Frieden im Nahen Osten einkehren zu lassen. Die Immunschwäche-Krankheit Aids hält er für eine Erfindung des amerikanischen Geheimdienstes CIA und nicht für einen tödlichen Virus, der vor Jahrzehnten von afrikanischen Affen den Weg in menschliche Körper fand. »Wir haben Jahrhunderte lang zusammen mit den Affen gelebt, ohne dass es zu Krankheitsübertragungen kam«, erklärte er noch 2000 den verblüfften Zuhörern auf einer afrikanischen Tagung.

Muammar Gaddafi empfindet sich selbst als Erlöser. Er hat es auf sich genommen, die arabische Welt gegen die westliche Übermacht zu einen. Nach dem Tod seines Vorbildes, des ägyptischen Präsidenten Gamal Abdel Nasser am 28. September 1970, war es Gaddafi, der die Staaten des Nahen Ostens gegen die westliche Welt, vor allem aber gegen Israel und die USA einschwor. Den Weg dorthin beschreibt er in seinem Grünen Buch, einem Werk, das bislang auf drei Bände angewachsen ist und den Arabern in ebenso vollmundigen wie wirren Thesen von der panarabischen Idee erzählt. Es geht nach dem Kommunismus und dem Kapitalismus um eine dritte Universaltheorie zum Wohle der Menschheit. Das Fundament dafür bildet der Islam, der in Familien- und Erbangelegenheiten ohnedies maßgeblich für die Rechtsprechung ist. Das Grüne Buch hat Verfassungscharakter im Staat an der großen Syrte.

Seit wann genau Gaddafi die Idee der Befreiung der arabischen

Welt beseelt, ist unklar. Der halbnomadische Gaddafi-Stamm zog die meiste Zeit durch das Land. Der Vater war Hirte. Sein einziger Sohn, Muammar, durfte die Schule besuchen. Früh entschied er sich für die Militärkarriere. Mit 22 Jahren besuchte er die Militärakademie in Benghazi.

Zwei Jahre später nahm er an einem Trainingskurs einer Eliteeinheit im britischen Beaconsfield teil. Danach fing er als Pionieroffizier der libyschen Armee an. In der von Gaddafi gegründeten »Organisation der freien Offiziere« keimte der Samen der Auflehnung gegen den greisen König Mohammed Idris el-Mahdi as-Senussi.

Am 1. September 1969 setzten die Offiziere den zur Kur in der Türkei weilenden König ab. Eine Woche später betrat Gaddafi als Vorsitzender des Revolutionsrates und Oberbefehlshaber der Streitkräfte das Podium der Weltpolitik. Als Regierungschef und Vorsitzender der »Arabischen Sozialistischen Union«, der einzig zugelassenen Partei des Landes, verbot Gaddafi Alkohol, Prostitution und das öffentliche bunte Treiben auf den Straßen mit Musik und Tanz. Die christlichen Kirchen des Landes wurden geschlossen. 1970 wies er die 25.000 seit der Kolonialzeit im Land lebenden Italiener aus.

1977 entließ er das gesamte 18 Minister umfassende Kabinett. »Jetzt habt ihr keine Regierung mehr, über die ihr euch beschweren könnt«, rief er seinem Volk entgegen. Die Entscheidungsgewalt ging formal auf 1.300 neu eingerichtete Volksbüros im Land über. Gaddafi zog sich offiziell aus dem politischen Alltagsgeschäft zurück, um sich den Visionen der arabischen Zukunft zu widmen. Er blieb, zusammen mit einer Handvoll politischer Gefährten, bis heute der machtvolle Mann im Hintergrund.

Das Washingtoner Institut für Nahost-Politik bewertet das libysche Regierungsgebilde als weder demokratisch noch effizient. Es bestehe ein permanentes Zerren zwischen den Technokraten in den Ämtern und den revolutionären Kadern. Die Arbeitslosigkeit betrage 30 Prozent. Die Bürokratie ist undurchschaubar, alle Entscheidungen von Bedeutung trifft der Revolutionsführer selbst. In keinem Staat des Nahen Ostens sind Staatswesen und persönliche Macht derart auf eine Person zugeschnitten wie in Libyen.

Was nach der Ära Gaddafi kommt, ist unklar. Sein dritter Sohn ist in der Öffentlichkeit beliebt. Saadi al Gaddafi ist Fußballnationalspieler und gleichzeitig Präsident des nationalen Fußballverbandes. Als der Vater den Sohn kurzzeitig seines Präsidentenamtes enthob, reagierten die Libyer mit heftiger Kritik und Demonstrationen. Gaddafi sen. revidierte seine Entscheidung. Doch ob sich Saadi für das Lenken der Staatsinteressen eignet ist zweifelhaft. Skrupellose Machtspiele sind dem 1974 geborenen Sportsmann fremd. Die Wahrheit liegt für ihn – wie für so viele junge Männer – auf dem Platz. Den grünen Weg seines Vaters interpretiert Saadi eher auf der Außenbahn eines Fußballfeldes als auf dem politischen Parkett. Saadi gilt als wankelmütiger Charakter. Zwar absolvierte er neben der Fußballkarriere ein Studium an der Militärakademie, die er im Rang eines Majors verliess, doch niemand sieht in Saadi einen disziplinierten Soldaten. Das politische Kalkül seines Vaters fehlt ihm. Außerdem liegt er im Streit mit Gaddafis ältestem Sohn aus erster Ehe.

Der vier Jahre ältere Mohammed gilt als unauffällig und wenig interessiert an politischen Fragen. Er ist das Gegenteil des aufbrausenden Halbbruders Saadi. Allerdings eint die Brüder eine Leidenschaft: der Fußball. Bei einem Spiel der Lokalrivalen Al Saidi, dem Verein Saadis, und Al Ittihad, dem Club des älteren Mohammed, kam es zum Eklat. Saadi ließ seine Sicherheitsleute auf Anhänger Al Ittihads schießen, als die feindselige Spruchbänder enthüllten. Der Bruderkrieg schadete beiden Söhnen Gaddafis in ihrem Ansehen.

Andere Beobachter trauen dem Revolutionsführer einen noch überraschenderen Coup zu. Noch vier Jahre nach dem Erscheinen des Liedes »Aische« des populären algerischen Rai-Sängers Khaled ist der Titel in Libyen ein Hit. Das liegt in erster Linie nicht an der zeitlosen Musik oder dem einprägsamen Text des Liedes, sondern am Titel. *Aische* heißt Muammar El Gaddafis einzige noch lebende Tochter. Die adoptierte Tochter Hana starb bei dem Luftschlag der Vereinigten Staaten im April 1986. Auffällig oft tritt Gadaffi mit Aische in der Öffentlichkeit auf und preist die Gleichberechtigung der Frauen. Das Thema der Befreiung der Frauen nimmt viel Platz im Grünen Buch ein. Aische wäre die erste arabische Staatschefin. Im ländlichen, eher konservativen Libyen spricht viel gegen die attraktive Tochter, doch hat Gaddafi in den vergangenen 30 Jahren seiner Herrschaft sein Volk schon häufig mit überraschenden Entscheidungen konfrontiert. Aische ist 1978 geboren und gilt als das Lieblingskind des Revolutionsführers. Nach dem Jura-Studium an der Al-Fatih-Universität widmete sie sich dem brachliegenden Tourismus im Land und versucht neuerdings Investoren zu gewinnen. 1.900 Kilometer weitgehend menschenleerer Strand und zahlreiche unberührte Oasen im Hinterland sollen zahlungskräftige Urlauber ins Land locken. Um das verheerende Image des Landes aufzupolieren, gibt der Vater ihr offenbar freie Hand. Potenziellen Geschäftspartnern tritt Aische in Designerkleidern aus Paris und London entgegen.

Die Gerüchte über die Nachfolge Muammar El Gaddafis werden durch den Umstand angefeuert, dass es in Libyen kein funktionierendes politisches System gibt. Die Revolutionsgefährten des alternden Machthabers haben die politische Bühne nach und nach verlassen, manche freiwillig, andere unfreiwillig. Ein Regierungsmitglied starb bei einem Autounfall 1972. 1975 exekutierte das Militär die Todesstrafe gegen einen weiteren Weggefährten Gaddafis, weil er – so der Richterspruch – einen Putschversuch geplant hatte. Zuletzt verschwand Mitte der 90er Jahre Abdul Jallud als letzter Revolutionär der ersten Stunde aus der Öffentlichkeit. Spätestens seitdem ist die Frage der Gaddafi-Nachfolge hinter den Kulissen des libyschen Machtgefüges entbrannt.

Umso genauer werden die kleinen Gesten des Machthabers beobachtet und diskutiert. Ist es ein Zeichen, dass Gaddafi ausgerechnet Aische 1999 auf eine Reise nach Südafrika mitnahm und das Fernsehen sie im Gespräch mit Nelson Mandela zeigte? Warum schickte Gaddafi ausgerechnet Aische ein Jahr später in den Irak, um ein Treffen mit Saddam Hussein abzuhalten? Die Libyer kennen die junge Aische als eine Frau, die wie ihr Vater gerne Reden hält und spontane Entscheidungen trifft.

Bei einem privaten London-Besuch erklomm Aische zum Entsetzen ihrer Bodyguards das Rednerpult in Speakers Corner am Hyde Park und beglückte die Umstehenden mit ihren Thesen zur Freiheit der Völker.

Die Zukunft Libyens ist ungewiss. Wahrscheinlich hat nicht einmal Muammar Gaddafi eine Vorstellung davon, wie es im Wüstenstaat an der Großen Syrte in den kommenden Jahrzehnten weitergehen soll. Konnte Gaddafi durch ein starkes Sicherheitsaufgebot bislang im Land aufbegehrende Gegenströmungen unterdrücken, so ist sein Scheitern in der Außenpolitik auf allen Ebenen offenkundig. Bis heute blieben die panarabischen Träume Gaddafis Illusion. Sogar die von ihm kontrollierten Medien riefen ihn Anfang der 90er Jahre erstmals öffentlich dazu auf, von der Fata Morgana der arabischen Einheit Abschied zu nehmen. Die Liste der außenpolitischen Niederlagen ist lang. So scheiterte der Versuch, einen Föderationsstaat zusammen mit Ägypten und Syrien zu schaffen ebenso wie der Zusammenschluss mit Ägypten und Tunesien. Eine »strategische Allianz« mit Iran verlief im Nichts. Gesponserte Umsturzversuche in Sudan und Tschad schürten die Skepsis gegenüber dem selbsternannten Heilsbringer.

Seine Schergen sollen Aufstände in Ghana, Senegal, Mali, Gambia und Somalia geschürt haben. Gaddafi gilt selbst in den Reihen der arabischen Welt als unberechenbar. Statt Bündnisse zu stiften, säte er Angst und Schrecken.

In der westlichen Welt erwarb er sich den Ruf des Terrorfürsten durch die Unterstützung von radikalen Freiheitsbewegungen und linken Extremisten. Ob philippinische Rebellen oder irische Terroristen, marokkanische Plünderhorden oder international vorgehende Killertrupps – sie alle genossen die helfende Hand des Revolutionsführers, der, wenn er schon die eigenen Reihen

nicht ordnen konnte, doch darauf bedacht war, weltweit eine Blut-
spur zu hinterlassen.

Fatah, Hisbollah, PLO, PLF, PFLP, ANO, Hamas – die Zahl der
Terror-Organisationen, die er unterstützt, ist groß. Jede von ihnen
ist für zahllose Anschläge und die sinnlose Ermordung Unschul-
diger verantwortlich. Jede von ihnen besitzt eine starke Führungs-
struktur, in deren Schatten sich mehr oder weniger eigenständi-
ge Gruppierungen bilden und wieder verschwinden. Während
Yasser Arafat es verstand, auf dem messerscharfen Grat zwischen
politischer Anerkennung und weltweiter Bannung wegen der von
ihm zumindest gebilligten oder geförderten Gräueltaten jahrelang zu balancieren, sind es neben dem mittlerweile in Frankreich zu lebenslanger Haft verurteilten Sanchez Ramirez alias
Carlos vor allem Abu Nidal und Ahmad Jibril, die mit dem Terrorismus Nordafrikas in Verbindung gebracht werden. Abu Nidal
ist Chef der Abu Nidal Organisation (ANO), die seit ihrem Bestehen für mehr als 100 Anschläge verantwortlich ist. Dabei kamen
mindestens 280 Menschen ums Leben. Der ANO-Sitz Al-Kalah
liegt 100 Kilometer südwestlich von Tripolis. Mindestens bis in
die 90er Jahre hinein stellte die libysche Regierung neben Geld
auch Lager zur militärischen Ausbildung der ANO-Kämpfer
bereit.

Das Treiben Ahmad Jibrils steht vor allem in Zusammenhang mit
der »Popular Front for the Liberation of Palestine – General Command« (PFLP-GC). Die Organisation wurde von Gaddafi mit
mehreren Millionen Mark sowie militärischem Gerät unterstützt.
Das Geld verwandte Jibril in erster Linie dazu, seine Streitkräfte
in Nordafrika, dem Iran und in Europa zu finanzieren. Obwohl
er sich dem Kampf gegen Israel verschrieben hat, tritt die Gruppe im direkten Konflikt mit dem verhassten Feind nicht in Erscheinung. Jibril verbreitet seinen Schrecken international. Drei Monate vor dem Anschlag auf das Berliner La Belle warnte Jibril in
einer Erklärung alle Passagiere davor, ein israelisches oder amerikanisches Flugzeug zu betreten.

Jibril war Offizier der syrischen Armee, bevor er 1968 in den

Untergrund wechselte. Dem gewalttätigen Kampf gegen Israel hatte er sich schon neun Jahre zuvor mit der Gründung der »Palestine Liberation Front« (PLF) gewidmet. 1967 verschmolz die Gruppe mit der von George Habasch angeführten PFLP. Dem Verbund schlossen sich zwei bis dahin unbedeutende Organisationen an, darunter die sogenannten Helden der Wiederkehr, eine Splittergruppe der PLO. Doch die Allianz hielt nicht lange. Während Habasch neben dem Terror auch auf die politische Karte in der Auseinandersetzung mit Israel setzte, lehnte das Jibril stets vehement ab. So kam es zur Gründung der PFLP-GC Ahmad Jibrils, deren Entschlossenheit zu gewalttätigen Anschlägen wächst, je friedensträchtiger sich die Annäherung der Kontrahenten im Nahost-Konflikt entwickelt. Jibril selbst ist zwar PLO-Mitglied der ersten Stunde, in diesem Punkt steht er jedoch in ständiger Konfrontation zu seinem langjährigen Weggefährten Yasser Arafat. Schließlich kam es zum Bruch mit der PLO, der bis heute andauert. Jibril lehnte Arafats öffentliche Abkehr vom Terrorismus ab. Ende der 80er Jahre versuchte er mit iranischen Verbündeten eine militante Gegenbewegung zur PLO ins Leben zu rufen. Zu diesem Zweck fand ein Treffen Jibrils mit hochrangigen Vertretern der Hisbollah in Teheran statt.

Neben Geldzuwendungen erhielt die Terrororganisation auch logistische Hilfe von Gaddafi. 1983 soll er ein Trainingscamp von PFLP-GC-Kämpfern in Bulgarien organisiert haben, vier Jahre später sollen regierungsnahe Firmen Para-Gleiter für die französische PFLP-GC-Gruppe gekauft haben. Im Gegenzug kämpften Mitglieder der Gruppe im Bürgerkrieg im Tschad. 1987 beschwerte sich Ahamd Jibril öffentlich darüber, dass seine Gruppe libysche Interessen im Tschad vertrat, Gaddafi im Gegenzug aber die Unterstützung einschränkte.

Die PFLP-GC hat mehrere hundert Mitglieder. Sie operiert von Syrien aus. Die Organisation verfügt über Stützpunkte in Libanon. Bis 1989 war sie auch in Libyen stark vertreten, dann – entweder aus Sorge um den internationalen Druck oder aus Furcht vor einer unberechenbaren innenpolitischen Strömung – beendete Gaddafi die Zusammenarbeit mit Ahmad Jibril und wies die Organisation außer Landes. Neben dem Anschlag auf die Berliner Diskothek durch die PFLP-GC-Mitglieder Yasser Chraidi und Musbah Eter ist die Organisation auch verantwortlich für die Explosion des PanAm-Fluges 103 über Lockerbie im Jahr 1988 und den Anschlag auf die französische UTA-Maschine ein Jahr später über Niger.

Allein bei den beiden Flugzeugattentaten kamen mehr als 300 Menschen ums Leben. Neben Kontakten zur Japanischen Roten Front bestanden offenbar auch Verbindungen zur deutschen Roten Armee Fraktion (RAF). Ein »Khaled-Aker-Kommando« bekannte sich 1988 zu dem Attentat auf den damaligen westdeutschen Bundesbank-Präsidenten Hans Tietmeyer. Khaled Aker war ein PFLP-GC-Mitglied, das 1987 bei einem Angriff auf einen israelischen Militärstützpunkt erschossen worden war. Die weltweiten Verbindungen der Gruppe sind charakteristisch für die Vorgehensweise Ahmad Jibrils. Die Gruppe tritt überwiegend in Europa in Erscheinung. Nach dem La-Belle-Anschlag verlegte die Organisation nach Erkenntnissen des bundesdeutschen Verfassungsschutzes ihre Europa-Zentrale nach Düsseldorf. Ein 34 Mann starkes Kommando wurde später von den Ermittlern in der Rhein-Metropole ausgemacht, darunter der mutmaßliche Verantwortliche für Aktionen in Europa, Hafez Dalkami. Die Gruppe unterhielt Zentralen in Schweden, Frankreich und Finnland.

Seit Gaddafis Liebesentzug und schließlich der Gründung eines Staates Palästinas mischen sich unter die panarabischen, anti-israelischen Töne der Jibrilschen Propaganda immer häufiger auch islamische Gedanken. Der Islam sei eher in der Lage, den Vereinigten Staaten von Amerika die Stirn zu bieten als das zerstrittene Konglomerat arabischer Nationen, hieß es in einer seiner spärlichen Erklärungen. Jibril wendet sich zunehmend dem Vorderen Orient, vor allem dem Iran zu. Am 5. März 1989 versprach Ahmad Jibril, den Islam und seinen Propheten Mohammed zu schützen, indem er das Todesurteil gegen den Autor der Satani-

schen Verse, Salman Rushdie, in die blutige Tat umsetzen wolle.
Die PFLP-GC gilt als eine der gefährlichsten und zugleich effek-
tivsten Terroreinheiten des Nahen Ostens, obwohl ihr insgesamt
nur knapp 30 Anschläge zugerechnet werden. Die Sicherheits-
behörden fürchten die große Professionalität, mit der Ahmad
Jibrils Kämpfer vorgehen. Beginnend mit dem Anschlag auf ein
Schweizer Flugzeug 1970, bei dem alle 47 Insassen ums Leben
kam, lehrt Jibril die westliche Welt das Fürchten. Niemand weiß,
wo die nächste Bombe explodiert.

Glaubt man den Beteuerungen des Revolutionsführers, hat Libyen
sich seit Jahren vom Terrorismus losgesagt. Der grüne Weg der
Schreckensherrschaft entpuppte sich für Gaddafi als Einbahn-
straße, die den vermeintlichen Erlöser ins politische Abseits führte. Muammar Gaddafi befindet sich heute in einem Dilemma.
Da ist einerseits das Bemühen des alten Mannes, nach Jahren der
Isolation den Weg zurück in die Weltgemeinschaft zu finden,
andrerseits ist es ihm unmöglich, das Scheitern seines revolutionären Treibens der vergangenen 30 Jahre einzugestehen. Den
Angehörigen der Opfer des Flugzeugabschusses über Niger versprach er eine Entschädigung in Millionenhöhe, die er allerdings
bislang nicht zahlte.

Auch im Fall Lockerbie erklärte er sich bereit, Geld an die Hinterbliebenen zu zahlen. Nach der Verurteilung eines libyschen Terroristen zog er auch dieses Versprechen zurück. Die Urheberschaft
des La-Belle-Anschlags hat Gaddafi bis heute stets bestritten –
allen diplomatischen Gerüchten zum Trotz.

Stattdessen pflegt Gaddafi die Selbstinszenierung. Nach dem
Scheitern der Befreiung der europäischen Geiseln des Abu-Sayaf-
Rebellenführers Captain Robot auf der philippinischen Insel Jolo
schaltete sich Gaddafi ein. Je nach Nachrichtenquelle überwies
Libyen zwei bis 25 Millionen Dollar Lösegeld an die Geiselneh-
mer. Im Gegenzug sicherte sich Gaddafi die Zusage Robots, die
Geiseln über Tripolis in ihre Heimat zu entlassen.

Am 30. August 2000 war es so weit. Die verbliebenen sechs Geiseln wurden in Tripolis der Weltöffentlichkeit präsentiert. Gad-

dafi schickte seinen erstgeborenen Sohn Mohammed auf die Philippinen, die Geiseln abzuholen. Der Revolutionsführer trat weder bei den Verhandlungen noch bei den Feierlichkeiten in Erscheinung. Einige befreite Geiseln trugen allerdings T-Shirts mit dem Konterfei Muammar El Gaddafis. Die Zeremonie fand mitten in Tripolis statt. Die Geiseln saßen auf rotbezogenen Sesseln, im Hintergrund mahnte eine beim Luftangriff 1986 zerbombte Baracke die aus libyscher Sicht geschehene Ungerechtigkeit an. Kamerateams aus der ganzen Welt waren angereist, auch glückliche Staatsmänner, die die vier Monate lang der Freiheit beraubten Geiseln mediengerecht in Empfang nahmen. Im Vordergrund prangte eine Skulptur: Die eiserne arabische Faust zermalmt ein US-amerikanisches Düsenflugzeug. In dieser Kulisse durften die befreiten Geiseln ihre Dankbarkeit bekunden. Im Zentrum seiner Bemühungen hätte natürlich nur das Schicksal der Geiseln gestanden, sagte Mohammed, der Sohn des Revolutionsführers. Wenn deren Befreiung auch dem Ansehen Libyens nutze, sei es umso erfreulicher, schob er nach.

Die deutschen PR-Berater von Gaddafi senior hatten ihm dazu geraten, das Ereignis nicht zur Selbstinszenierung verkommen zu lassen. Es wäre ein leicht durchschaubarer Versuch gewesen, sich im Rampenlicht der Öffentlichkeit zu sonnen und gleichzeitig auf dem diplomatischen Parkett Pluspunkte zu sammeln.

Kritiker sehen in der Mission Gaddafis dennoch einen Erfolg. Wann ist es je einem Machthaber gelungen, einerseits eine Terrororganisation wie Abu Sayaf mit mehreren Millionen Dollar zu unterstützen und gleichzeitig weltpolitisches Renommee zu gewinnen? Dennoch war die Befreiung der Geiseln auf Jolo ein Schritt zurück in die Weltgemeinschaft. Es müssen weitere folgen. Doch dem alternden libyschen Regenten bleibt nicht mehr viel Zeit. Die Sphinx aus Tripolis ringt im Spätherbst der Karriere ums politische Überleben.

Doch bis heute fehlt eine Geste der Reue. Im mediendurchwirkten Geschehen auf dem Erdball geht es immer auch um eindeutige symbolhafte Handlungen. Die katholische Kirche hat sich für ihr

Verhalten während der Nazi-Diktatur entschuldigt, Willy Brandt hat sich mit dem Kniefall in Warschau für die Gräuel der Deutschen an den Polen entschuldigt, die Australier bedauern ihr Verhalten gegenüber den Aborigines – und feiern die erste eingeborene Olympiasiegerin Cathy Freeman als Volksheldin, der letzte Apartheidpräsident Südafrikas P. W. Botha bereute die Diskriminierung der schwarzen Mehrheit in seinem Land vor laufenden Fernsehkameras zur besten Sendezeit.

Unruhe im Weißen Haus

Bald nach den Vorfällen in der Großen Syrte hatte Tripolis eine Drei-Zeilen-Mitteilung an die libyschen Vertretungen in Europa gesandt. Diese war von den Horchposten der amerikanischen *National Security Agency* (NSA) aufgefangen und entschlüsselt worden. Tripolis forderte in dem Papier sinngemäß, Pläne für Anschläge auf Militäreinrichtungen der USA einschließlich der von Amerikanern besuchten Einrichtungen zu konzipieren.

Die Nachricht sorgte für Unruhe im Weißen Haus. Die Ankündigung von Anschlägen auf amerikanische Einrichtungen provozierte ungewöhnliche Aktivitäten. Im Kampf gegen den Teufel war man sogar bereit, sich mit Beelzebub zu verbünden. Vertreter der amerikanischen Mission in Berlin wandten sich an ihre sowjetischen Kollegen und baten um Amtshilfe. In Washington wurde der DDR-Botschafter Dr. Gerhard Herder ins State Departement einbestellt, im DDR-Außenministerium Botschafter Frank Meehan vorstellig. Die Amerikaner informierten über ihre Befürchtungen und über Hinweise, dass möglicherweise arabische Terroristen vom DDR-Territorium aus operieren könnten. Wider besseren Wissens zuckten die DDR-Oberen mit den Schultern. Ihnen lägen keinerlei Belege für eine solche Vermutung vor, erklärten sie dem Botschafter. Seit Jahren bemühte sich Honecker darum, offiziell zu einem Staatsbesuch in die USA eingeladen zu werden. Die Anbahnung einer solchen Visite war Botschafter Herders vordringliche Aufgabe. Hier nun hätte die DDR Gelegenheit gehabt, durch signalisierte Kooperationsbereitschaft außenpolitisch zu punkten. Sie vergab diese Chance.

Eine Woche später detonierte die erste Bombe. Ein Pfund Plastiksprengstoff riss am 2. April 1986 ein Loch in den Rumpf einer amerikanischen TWA-Maschine. Der Flug 840 von Rom nach Athen endete für vier Amerikaner tödlich. Die Bombe steckte unter einem Passagiersitz und explodierte beim Landeanflug, als sich der Kabinendruck veränderte. Die Wucht der Detonation schleuderte vier Menschen in einer Höhe von etwa 5.000 Metern aus dem Flugzeug. Ihre Leichen fand ein griechischer Schäfer. Unter den Opfern war auch ein neun Monate alter Säugling. Noch im Tode hielt ihn seine Mutter eng umschlungen. Die Autopsie ergab: Alle vier lebten noch, kurz bevor sie auf dem Boden aufschlugen. Eine Gruppe »Arabische Revolutionäre Zelle« bekannte sich zu dem Anschlag. In einem Bekennerschreiben erklärte sie, ihre Bombe sei eine erste Vergeltung für Amerikas Aktionen in der Großen Syrte.

Drei Tage später, am 5. April 1986, ging eine weitere Bombe hoch. Der Anschlag erfolgte in Berlin, in der Diskothek La Belle.

Das General Communications Headquarter (GCHQ), das britische Gegenstück zur NSA, hatte kurz zuvor, am 29. März 1986, eine Mitteilung des libyschen Volksbüros in Berlin (Ost) aufgefangen und entschlüsselt, dass ein »freudiges Ereignis« bevorstünde. Zwar war die Botschaft nur vage, doch, wie üblich unter den Verbündeten, gaben die Briten, die in London die libysche Botschaft belauschten, den für Tripolis bestimmten Spruch an die Amerikaner weiter. Diese sahen sich bestätigt. Denn auch ihr Lauschposten von der Fieldstation der INSCOM (U.S. Army Intelligance and Security Command) auf dem mit Richtfunkantennen und Abhöreinrichtungen gespickten Berliner Teufelsberg hatte einen Text empfangen. Das verschlüsselte Material hatten sie an den deutschen Bundesnachrichtendienst weitergegeben, der es am 3. April entschlüsseln konnte.

Die Botschaft war nur sehr ungenau, doch übereinstimmend und ominös genug, dass sie die Amerikaner beunruhigte. Angesichts der internationalen Situation konnte sie nicht leichtfertig abgetan werden. Die Offiziere der in West-Berlin stationierten US-Brigade benachrichtigten am Abend des 4. April ihren Chef, Brigade-General Thomas Griffin. Er bekam die Meldung bei einer offiziellen deutsch-amerikanischen Dinnerparty zugesteckt. Mit dem Hinweis, seiner Frau gehe es nicht gut, entschuldigte er sich und brach sofort auf.

In der Dienststelle löste er Alarm aus: *Thread Condition Yellow* – eine ernstzunehmende, aber unkonkrete Gefährdungslage. Die

Sicherung der Objekte wurde umgehend verstärkt. Zugleich schickte er alle verfügten Militärstreifen los, um die Bars, Kneipen, Restaurants und Diskotheken aufzusuchen und zu warnen, in denen besonders viele GIs verkehrten. Griffin war sich bewußt, dass dies eine nahezu unlösbare Aufgabe sein würde. Es war Wochenende, da waren die Soldaten in der ganzen Stadt unterwegs. Wie sollte er da alle erreichen?

Die MP-Streife war etwa 200 Meter vor La Belle, als dort die Detonation erfolgte.

Auch in Paris hatte Gaddafis Appell ein Echo gefunden. Der französische Geheimdienst hatte in Erfahrung gebracht, dass ein Überfall mit Handgranaten und Maschinenpistolen auf das Visa-Büro erfolgen sollte. Am 5. April wies die Regierung zwei libysche Diplomaten aus.

Am 6. April wurde der Versuch vereitelt, eine Panzerfaust auf die US-Botschaft an der Seine abzufeuern. Auch an diesem Terroranschlag, hieß es, waren Libyer beteiligt.

In Kigali, der Hauptstadt der kleinen ostafrikanischen Republik Ruanda, nahmen Sicherheitskräfte drei Libyer bei dem Versuch fest, den US-Botschafter zu kidnappen. Und in Beirut, so hieß es, war Gaddafi bei der Hisbollah vorstellig geworden. Die seit 1982 bestehende »Partei Gottes«, eine politisch-militärische Organisation der Schiiten, hatte einige Amerikaner verschleppt. Der »Revolutionsführer« soll angeblich sein Interesse an diesen Geiseln signalisiert haben.

Wenige Stunden nach dem Anschlag nahm das GCHQ einen weiteren Funkspruch des libyschen Volksbüros Ost-Berlin auf: »Um 1.30 Uhr heute früh hat die Durchführung einer der Aktionen mit Erfolg stattgefunden, ohne eine Spur zu hinterlassen.« Kurz nach zehn Uhr am Sonnabendmorgen lag der Spruch auch im Weißen Haus vor. Von dort wurde die Nachricht unverzüglich ins »Western White House« in Santa Barbara (Kalifornien) übermittelt, wo Ronald Reagan gemeinsam mit seiner Frau Nancy im Urlaub weilte.

Vergeltungspläne

Washington, Pentagon,
8. April 1986, abends

Nach dem Gespräch mit Präsident Reagan rief Stabschef Admiral William Crowe in Stuttgart an. Am anderen Ende saß der neue Oberkommandierende der US-Truppen in Europa. Richard Lawson erinnerte sich später an das Telefonat über die Geheimleitung: »Er *(Crowe – d. A.)* fragte mich: ›Haben Sie die Ziele bereits ausgesucht?‹ Ich antwortete: ›Ja, hier sind die Ziele, die aus unserer Sicht den meisten Sinn machen.‹«

Drei der ausgewählten Targets befanden sich in Tripolis: Gaddafis Zeltlager, der militärische Teil des Flughafens (die frühere *Wheelus Air Force Base*) sowie das sogenannte Bilal-Ausbildungscamp, wo nach Auffassung der Amerikaner Terroristen zur Unterwassersabotage ausgebildet wurden. Zwei weite Ziele lagen in der Hafenstadt Benghazi: der Militärflughafen und Gaddafis zweiter Regierungssitz.

Die Wahl aller fünf Ziele begründete die amerikanische Seite mit Gaddafis Bestrebungen, Terror und Subversion zu exportieren. Es sei »verdammt schwierig«, die Vernichtung irgendeines anderen Zieles, beispielsweise einer Raffinerie, der internationalen Gemeinschaft glaubhaft zu erklären, meinte Lawson. Außerdem wolle er das Risiko für die amerikanischen Piloten möglichst gering halten, deshalb müssten sich die Ziele in Küstennähe befinden. Je weniger die Flugzeuge in den libyschen Luftraum eindringen müssten, desto geringer war die Gefahr, dass die Luftabwehr erfolgreich sein würde.

Aus militärischer Sicht waren Gaddafis Hauptquartiere sowie die Zeltlager in Tripolis und Benghazi die schwierigsten Ziele für die Flugzeugwaffen. Die anderen Objekte lagen weit von den Häusern der Bevölkerung und waren damit für die Piloten leicht auf den Radarschirmen zu erkennen. Die beiden Zeltlager »Azzizijah« und »Jamaherija« dagegen befanden sich inmitten der dichtbewohnten Städte und wurden am besten beschützt. Dort also, das wussten die amerikanischen Militärs, gab es für die Piloten die größten Schwierigkeiten, heil wieder heraus zu kommen. An diesen Punkten rechneten sie auch mit den meisten Opfern unter der Zivilbevölkerung.

36 Stunden nach dem La-Belle-Anschlag, am Abend des 8. April 1986, legte Stabschef Crowe dem US-Präsidenten die Liste mit den Zielen vor. Er bot Reagan auch andere Punkte an, darunter »Al Arafiq«, den Sitz des libyschen Geheimdienstes. Aber Crowe machte diese Vorschläge nur halbherzig. Denn dort wäre für die Militärs die Möglichkeit der zivilen Verluste unvertretbar groß. Auch von einer Bombardierung der Zeltlager war der Stabschef nur wenig begeistert.

Aber Ronald Reagan, das wusste auch der Chef des europäischen Headquarters Lawson, wollte seinen Widerpart direkt treffen. Er ordnete die Vernichtung von Gaddafis Hauptquartier an. Allen Beteiligten war bewusst, dass es sich mehr um einen symbolischen Akt als um eine militärische Operation handelte.

Den Zeitpunkt des Vergeltungsschlages legte der US-Präsident ebenfalls fest: Samstag, 12. April.

Doch Crowe bat um etwas Aufschub. Er wollte den Fliegern mehr Zeit geben, sich mit der Flugstrecke und den einzelnen Zielen, insbesondere mit den schwierigen Standorten »Azzizijah« und »Jamaherija«, vertraut zu machen. Der Angriff verschob sich deshalb auf Dienstag, den 15. April, morgens zwei Uhr. Zu diesem Zeitpunkt, das hatte die CIA in Erfahrung gebracht, war die Luftabwehr Libyens am schlechtesten besetzt. Die Operation sollte die Bezeichnung »El Dorado Canyon« tragen.

»El Dorado Canyon«

Tripolis und Benghazi
15. April 1986, morgens 2 Uhr

Die logistische Vorbereitung der Geheimoperation »El Dorado Canyon« setzte ein gigantisches politisches, militärisches und geheimdienstliches Räderwerk in Bewegung. Über sein rotes Telefon rief Reagan die britische Premierministerin Margret Thatcher an und bat um Zustimmung, dass amerikanische Flugzeuge den britischen Stützpunkt Lakenheath nutzen dürften. Thatcher wollte wissen, inwiefern die einzelnen Ziele mit dem Terrorismus zu tun hätten. Reagan beauftragte daraufhin den US-Botschafter in London, Charles Price. Er möge in Downing Street Nr. 10 vorsprechen und die Analyse des State Departments vorlegen.

Nach Kenntnisnahme dieser Unterlagen gab die Eiserne Lady grünes Licht. Nicht auszuschließen, dass ihre Zustimmung auch in einem kausalen Zusammenhang stand mit der Hilfe der Amerikaner beim Falkland-Krieg 1982.

Die nächste Hürde für die USA war Frankreich. Wenn der Elysee-Palast eine Überfluggenehmigung erteilen würde, dann konnten die F-111 den Weg über die kürzere und damit sicherere Strecke ins Zielgebiet nehmen.

Doch die französische Regierung lehnte das Ansinnen der Reagan-Administration ab. Sie wollte weder indirekt noch direkt involviert werden. Andere europäische Staaten verhielten sich ähnlich abweisend. Dafür gab es logische Gründe, die aber wohl kaum genannt wurden. Dazu zählte sicherlich die Angst vor Anschlägen von arabischen Extremisten. Außerdem gab es zwischen Frankreich und der Region in Nordafrika traditionelle politische und wirtschaftlich Beziehungen. Und Frankreich gehörte zur Europäischen Union. Das heißt: Europa wollte nicht für die möglichen Folgen der amerikanischen Machtdemonstration in der Großen Syrte zahlen. Denn bislang waren die Bomben auf dem Kontinent, nicht in den USA detoniert. Die westeuropäischen

Staaten hatten erkennbar kein Interesse, sich in einen Konflikt einbinden zu lassen, dessen Sinn sie nicht sahen und unter dem sie vielleicht am stärksten zu leiden hatten.

Für die amerikanischen Flieger blieb folglich nur der weite Weg um Europa herum.

Am 13. April, zwei Tage vor dem Angriff der Amerikaner, verbreitete die libysche Nachrichtenagentur JANA eine Erklärung Gaddafis. Darin beteuerte der Revolutionsführer, Libyen strebe keine Konfrontation mit den USA an und lehne terroristische Aktionen ab. Es bestehe kein Zusammenhang zwischen Libyen und den jüngsten Anschlägen auf amerikanische Ziele. Die Schuldzuweisungen der USA an die Adresse Libyens würden jeder Grundlage entbehren. »Libyen liegt daran, dass das Mittelmeer ein Meer des Friedens und der Zusammenarbeit der Anrainerländer bleibt, die Staaten Südosteuropas einbegriffen.«

Am 14. April starteten die Maschinen in Großbritannien. USA-Verteidigungsminister Caspar Weinberger sagte später, die 18 in Großbritannien stationierten Bomber seien 6.400 Meilen über die offene See, den Ärmelkanal, den Atlantik in Richtung Süden, entlang der portugiesischen Küste, über die Straße von Gibraltar und dann zu ihren Zielen in Libyen geflogen. Nicht zuletzt deshalb gilt die Operation »El Dorado Canyon« in den USA noch heute als militärische Meisterleistung.

Bei ihrem etwa 13stündigen Flug entlang Europas Grenzen wurden die F-111 bis zu zwölfmal in der Luft aufgetankt. Außerdem nahmen 15 Kampfjets der Flugzeugträger »Coral Sea« und »America« sowie Radarflugzeuge und Abfangjäger an den Kampfhandlungen teil. Kurz nach zwei Uhr in der Nacht hatten sie ihre Ziele erreicht und griffen fast zeitgleich an. Rund 60 Tonnen Sprengstoff fielen vom Himmel. Alle Ziele wurden getroffen.

Von den eingesetzten Maschinen verloren die Amerikaner nur ein Flugzeug mit zwei Mann Besatzung. Die libysche Flugabwehr hatte den Jet vom Himmel geholt. Ein Bomber musste auf dem Rückflug vom Einsatz in Spanien notlanden. Das Flugzeug hatte Maschinenschaden.

Die libysche Bilanz: 37 Tote, darunter viele Zivilisten, und 130 Verletzte. Getroffen waren Wohnhäuser, die Residenz Gaddafis sowie das Missionshaus der Franziskaner-Nonnen in Tripolis. Eine Bombe war in der Nähe der französischen Botschaft detoniert. Gaddafi zeigte sich von den Bombenangriffen auf Tripolis und Benghazi geschockt. Seine Frau und die acht Kinder wurden zum Teil schwer verletzt, die 15 Monate alte Adoptivtochters des »Revolutionsführer« starb in den Trümmern.

Er selbst ließ sich 24 Stunden nach dem Bombenangriff nicht öffentlich sehen. Das nährte das Gerücht, er sei umgekommen. Doch dann zeigte er sich im Fernsehen, um den Gegenbeweis anzutreten. Aufmerksamen Beobachtern entging jedoch nicht, dass er sehr verstört wirkte. Hatte er die Grenzen seiner Macht gespürt? Oder war es persönliche Betroffenheit, weil unter den Opfern auch Familienangehörige waren?

Nur mit einem kleinen Erfolg konnte sich die libysche Seite in der Auseinandersetzung bemerkbar machen. *Radio Tripolis* meldete am 15. April, ein libysches Schnellboot habe aus einer Distanz von vier Seemeilen amerikanische Sendemasten auf der Sizilien vorgelagerten Insel Lampedusa beschossen. Diese Aktion wurde in Tripolis wie der Sieg einer Schlacht gefeiert. Es war der Versuch, mit propagandistischem Getöse die tiefe Verletzung, die die nächtliche Bombardierung den Libyern zugefügt hatte, ein wenig zu überdecken. Doch den Militär Gaddafi konnte der unwichtige Triumph nicht über die wahre Situation hinweg täuschen. Ihm musste es nun um Schadensbegrenzung gehen, sollten seine in der Großen Syrte empfindlich geschlagene Armee und sein gedemütigtes Volk sich nicht gegen ihn wenden.

Die Stimmung in den Mittelmeer-Anrainer-Staaten kam ihm da gerade recht. Sie waren über den unangekündigt geflogenen Angriff der Amerikaner gleichermaßen betroffen und entsetzt und stimmten in den libyschen Protest mit ein. Sie kritisierten die Verhältnismäßigkeit der eingesetzten Mittel. Malta beantragte eine Dringlichkeitssitzung des UNO-Sicherheitsrates.

Libyens Vertreter Rajab Azzarouk versicherte neuerlich, sein

Land habe nichts mit den Terrorakten zu tun. Sie hätten den USA nur als Vorwand für den Flottenaufmarsch vor der Küste seines Landes gedient.

Der Wind blies den USA ins Gesicht. Italiens Ministerpräsident Bettino Craxi erklärte vor der Abgeordnetenkammer in Rom, die amerikanische Militäraktion sei nicht in Übereinstimmung mit der italienischen Regierung erfolgt. Die USA hätten ihre Aktion ungeachtet dieser Gegnerschaft sowie der Ablehnung durch die übrigen NATO-Staaten und EG-Mitgliedsländer unternommen. Griechenland, die Türkei, Frankreichs Staatspräsident François Mitterrand, UNO-Generalsekretär Javier Perez de Cuéllar, der Vorsitzende des EG-Ministerrates Hans van den Broek, der sowjetische Staats- und Parteichef Michail Gorbatschow und der gesamte Ostblock, die arabischen Staaten und die Nichtpaktgebundenen – sie alle protestierten und kritisierten den amerikanischen Militärschlag.

Das DDR-Außenministerium nannte die Operation einen »verbrecherischen Überfall« und »einen Akt des Staatsterrorismus«, der durch »nichts zu rechtfertigen« sei.

In West-Berlin stellte sich sogar der stellvertretende Leiter des Staatsschutzes an die Seite der Protestierer und appellierte an die Vernunft. Kriminaldirektor Dieter Piethe, der die Ermittlungen zu La Belle leitete, sagte der Nachrichtenagentur AP am 15. April 1986, der Staatsschutz habe bisher keinerlei Hinweise für die Verwicklung Libyens in das La Belle-Attentat. Die intensiven Ermittlungen hätten »keinen konkreten Verdacht« erbracht. Die polizeilichen Ermittlungen, die sich auf die Spurensicherung am Tatort, auf Zeugenvernehmungen und die Auswertung von Hinweisen stützten, ließen solche Schlüsse bislang nicht zu.

Gleichwohl schlossen die Ermittler einen arabischen Hintergrund nicht aus.

Am 30. März 1986, sechs Tage vor dem Attentat in La Belle, hatte es in Berlin einen vergleichsweise folgenlosen Anschlag gegeben. Er galt der Deutsch-Arabischen Gesellschaft. Die festgenommenen Attentäter Hasi und Salameh waren wenige Monate zuvor für eine

Woche in Libyen gewesen. Außerdem fand man bei ihnen eine Geldquittung vom libyschen Volksbüro in Bonn.

Doch zwingende Beweise gab es nicht, dass der Staat Libyen hinter dem Anschlag auf die Diskothek gestanden habe.

Von den durch die Geheimdienstler abgefangenen libyschen Funkschreiben hatte Piethe keine Ahnung.

Die ausschwärmende Abschreckung

In den USA teilten viele Amerikaner die Kritik nicht. »Am 14. April 1986 landeten die Vereinigten Staaten mit der Operation El Dorado Canyon einen umstrittenen, aber höchst erfolgreichen Schlag, der Colonel Muammar El Gaddafi genau zwischen die Augen traf.« Mit diesen euphorischen Worten beschrieb Walter J. Boyne 13 Jahre später die bis dahin beispiellose Militäraktion der amerikanischen Luftwaffe. Boyne, selbst viele Jahre lang Angehöriger der Air Force und später Direktor des Luft- und Raumfahrtmuseums in Washington, verschwieg in seiner Analyse des Racheaktes nicht die Folgen: »Der kombinierte Luftwaffen- und Marineangriff endete mit 130 zivilen Vorkommnissen und 37 Toten.« Der neudeutsche Begriff für derartige unerwünschte Ereignisse lautet »Kollateralschaden«. Mit dem Begriff bezeichnen Militärs den unerwünschten Tod Unbeteiligter. In Europa löst es zuweilen Befremden aus, wie die Vereinigten Staaten ihre außenpolitischen Vorstellungen auch gewaltsam durchsetzen. In den Staaten gibt es jedoch eine stark entwickelte Vorstellung von guter und böser Gewalt.

Böse Gewalt ist mit allen Mitteln zu bekämpfen, im Namen des Guten erscheint das Vorgehen in einem anderen Licht. Militärische Einsätze im Ausland treiben die Meldungen Freiwilliger für den Militärdienst in den USA regelmäßig in die Höhe, während in Europa neuerdings der Einsatz von Soldaten erst nach eingehender öffentlicher Diskussion möglich ist. Amerikas Euphorie für Missionen in Übersee wird durch den historischen Glücksfall begünstigt, dass es bis zum 11. September 2001 den Terror in großem Ausmaß noch nie im eigenen Land erlebt hat.

Die Geschichte des jahrhundertelang politisch verstrickten und zerstrittenen Europas gebietet in der alten Welt mehr Zurückhaltung. Denkmäler der Zerstörung wie die Gedächtniskirche im Herzen Berlins sind in den siegverwöhnten Staaten auch nach dem 11. September kaum vorstellbar. An der US-amerikanischen Außenpolitik scheiden sich die Geister.

Deutschland, Korea, Vietnam, Mittelamerika, Libyen, Kuwait, Somalia und der Balkan hießen einige der Einsatzorte amerikanischer Streitkräfte während der vergangenen Jahrzehnte. Die einen sehen in diesen Einsätzen die selbstbewusste Omnipräsenz der einzig bestehenden Weltmacht, andere empfinden das weltweite Ausschwärmen der US-Amerikaner als anmaßenden Größenwahn. Der deutsche Politologe Harald Müller bezeichnete die USA als den »gutmütigsten Hegemon der Neuzeit«. Oberstes Ziel des weltweiten Agierens der USA ist nach deren eigenem Verständnis der Weltfrieden. Um den Zweck eines freien Welthandelssystem zu erreichen, der Wohlstand im eigenen Land verspricht, fördern die USA als Mittel die Marktwirtschaft und demokratische Entwicklungen in den Schlüsselregionen der Welt. Seit mehr als 200 Jahren haben sie Erfolg damit.

Die Amerikaner verstehen sich als Friedensbringer – die Entwicklung des sensiblen Weltgefüges der vergangenen Jahrzehnte bestärkt sie in ihrem Missionsbewusstsein.

In Europa herrscht eine merkwürdige Ambivalenz zwischen Bewunderung und Kritik am amerikanischen Handeln. Die Bewunderung gilt dem Branchenprimus in der Weltliga. Die USA verstehen es, Akzente auf dem Globus zu setzen und gleichzeitig davon zu profitieren. Kritik an Missionen der USA wird in der westlichen Welt schnell als Antiamerikanismus ausgelegt. In einer Art vorauseilenden Gehorsams werden vor allem in den Reihen der ehemals Beschützten die Missionen mit allerlei moralischer Unterstützung versehen. Dabei sieht es in den Vereinigten Staaten selbst anders aus. Sogar Vertreter der republikanischen Rechten räumen ein, dass die US-Außenpolitik zuweilen gegenüber Verbündeten von einer wenig partnerschaftlichen Arroganz geprägt ist. Die USA fordern die Aufnahme der Türkei in die EU, obwohl sie selbst darin gar nicht vertreten sind, sie kritisieren Protektionismus, und schaffen dennoch hohe Hürden für Importe ins eigene Land. Die Vereinigten Staaten haben eine Führungsrolle in der Nato und fordern das nordatlantische Bündnis zum Handeln auf, aber entziehen der Organisation die finanziellen

Zuwendungen. Es ist nicht immer leicht, das amerikanische Wirken auf der politischen Weltbühne zu verstehen.

Das Symbol des selbstbewussten Sendungsstrebens ist der »American Way of Life«, der Werte wie Freiheit, Gleichheit und das Recht auf individuelles Glück transportiert. Die weltweite Führungsrolle der USA ist Teil des Selbstverständnisses, deren Erhalt Washington hohe Priorität einräumt.

Dieses ehrgeizige Ziel zu erreichen, scheut die Regierung weder Kosten noch Mühen. Die Streitkräfte genießen hohes Ansehen. Das Land sieht weder vom Land- noch vom Seeweg aus Gefahren auf sich zukommen. Als letztes Glied in der Kette treiben die Staaten das ehrgeizige Projekt der nationalen Raketenabwehr voran, das Hunderte Milliarden Dollar verschlingt, allerdings bislang mehrere Rückschläge verzeichnete.

Das Symbol der mobilen Außenpolitik der USA ist der Flugzeugträger. Keine Nation verfügt auch nur annähernd über so viele Flugzeugträger wie die USA. Zwölf dieser Wasserkolosse fahren unter amerikanischer Flagge in den Weltmeeren umher, dazu kommen mehr als 300 andere Kriegsschiffe.

Ein Jahr vor dem Luftschlag in der Großen Syrte beschrieb der amerikanische Politwissenschaftler und Sicherheitsexperte Bradley S. Klein 1985 die amerikanische Strategie der »ausschwärmenden Abschreckung«. Demnach besteht die strategische Kultur der USA in der Fähigkeit, den Einfluss ihrer militärischen Stärke über den Bereich des eigenen Staatsgebietes hinaus auszudehnen. Wie im Fall El Dorado Canyon können die Vereinigten Staaten innerhalb kurzer Zeit überall auf der Welt militärische Schläge von großer Zerstörungskraft durchführen. Dabei erscheint die Aktion stets nicht als Ausdruck barbarischer Gewalt, sondern als legitimer Akt der Verteidigung.

Als Nachteil dieser Strategie schlägt die geographische Lage des Landes zu Buche. Mit Kanada und Mexiko verfügen die USA über Nachbarn, von denen nie eine ernsthafte Bedrohung ausging, im Osten und Westen rahmen zwei Ozeane den Halbkontinent ein. Bei militärischen Einsätzen »over there« gilt es für die

Streitkräfte, große Strecken zu überwinden. Die USA haben gelernt, mit den Schwierigkeiten umzugehen, wie die logistische Leistung bei »El Dorado Canyon« zeigt. Selbst die französischen und italienischen Verbote, den jeweiligen Luftraum zu überfliegen, hinderten die US-amerikanische Luftwaffe nicht daran, den Racheakt schon neun Tage nach La Belle anzugehen.

Amerikanische Politik

Das Prinzip der ausschwärmenden Abschreckung ist nicht neu, obwohl es mit dem endgültigen Aufstieg der Vereinigten Staaten zur Weltmacht nach dem II. Weltkrieg erst zu voller Geltung kam. Der erste amerikanische Präsident, George Washington, beschrieb zum Ende seiner Amtszeit 1796 die Aufgaben der jungen Nation: Washington verteidigte die bis dahin erfolgreiche Politik der Unabhängigkeit gegenüber den europäischen Staaten. Das Ziel bestand demnach nicht darin, sich von der alten Welt zu isolieren, sondern die Beziehungen offen zu halten, um den Außenhandel zu fördern. Er sah das Heil der Vereinigten Staaten darin, sich nicht wie die europäischen Nationen in ein Bündnisgeflecht zu verstricken und so die Handlungsfähigkeit einzuschränken.

Statt dessen sollte der umfangreiche Handel mit den alten Nationen die Quelle internationaler Macht darstellen. Voraussetzung dafür war allerdings das Beibehalten strikter Neutralität.

Die Rolle der Weltpolizei hat also als erstes Ziel, den eigenen Wohlstand zu sichern. Die globale Präsenz von Coca Cola, Burger King, Microsoft und amerikanischer Popmusik sind Beispiele dafür.

Doch auch die Weltmacht ohne Gegner stößt an ihre Grenzen. Die Fülle der Krisenherde in der Dritten Welt lässt die Vereinigten Staaten an ihrem Anspruch verzweifeln. Als Colin Powell zu Beginn seiner Amtszeit als Außenminister die Grundzüge seiner Politik darstellte, machte er deutlich, dass sich die Vereinigten Staaten künftig jeden Militäreinsatz gründlich überlegen werden. Der internationale Führungsanspruch in Politik und Wirtschaft bleibt natürlich bestehen, allerdings nicht auf allen Ebenen. Zur Friedenssicherung im Kosovo fordern die USA eine Aufgabenteilung mit anderen Armeen der Nato-Mitgliedsstaaten, auf andren Gebieten, wie zum Beispiel der Umweltpolitik, gibt Washington den Führungsanspruch stillschweigend völlig auf. Und auch die Gegner suchen sich die Amerikaner genau aus. China hat es inzwischen geschafft, von der Liste der so genannten Schurkenstaaten (»rogue states«) – und damit als potenzielles Einsatzgebiet – gestrichen zu werden. Powell bezeichnet die Volksrepublik als befreundete Nation. Als nächster Schritt steht der umfangreiche Export von Hamburgern, Computern und Musikproduktionen auf dem Plan.

Anders sieht es im Fall des Nahen Ostens aus. Als höchst brisantes Krisengebiet in strategisch bedeutender Lage genießt es die umfassende Aufmerksamkeit der US-amerikanischen Außenpolitik. Die unmissverständliche Unterstützung israelischer Interessen lässt ein Nachlassen in den Friedensbemühungen gar nicht zu. Ein besonderes Ärgernis stellt nach Ansicht der amerikanischen Außenpolitiker nach wie vor das undurchsichtige Treiben Muammar Gaddafis dar. Mit Genugtuung hat die US-Regierung die Schritte Libyens zurück in die Weltgemeinschaft beobachtet. Die öffentliche Abkehr vom Terrorismus, die Auslieferung der Verdächtigen des Anschlags auf die Passagiere des Pan-Am-Fluges 103 über Lockerbie und die zuletzt gemäßigte Haltung im Nahost-Konflikt haben die Sicherheitsexperten wohlwollend registriert. Allerdings bleibt nach amerikanischer Lesart noch viel zu tun, um die Skepsis gegenüber dem Wüstenstaat abzulegen. Mit Sorge haben sie daher reagiert, als in Europa Ende der 90-er Jahre die Unterstützung für das Handelsembargo gegen Libyen bröckelte und die EU erste Annäherungsversuche zu Libyen unternahm. Noch besteht aus Sicht der Amerikaner kein Anlass, die kritische Haltung gegenüber Gaddafi aufzugeben. Es fehlt ein Zeichen dafür, dass die Abkehr vom Terrorismus nicht nur verbal vollzogen wurde. Die US-Strategen sehen in der Zahlung einer Entschädigung für die Hinterbliebenen der Lockerbie-Opfer, des französischen UTA-Passagierflugzeuges 1989 und des La-Belle-Anschlages ein geeignetes Mittel, die Abkehr vom Terrorismus zu untermauern.

Gleichzeitig fordern die Amerikaner von Gaddafi, seine Bestrebungen zum Bau von Massenvernichtungswaffen aufzugeben. Trotz des bestehenden Waffenembargos stellte die britische Polizei auf dem Londoner Flughafen Gatwick noch 1999 Teile von Scud-Raketen sicher, die auf dem Weg nach Libyen waren. Die USA dulden keine wirksame Militärmacht Libyen im Nahen Osten.

Libyen stellt auch Anfang des 21. Jahrhunderts aus US-amerikanischer Sicht einen Schurkenstaat dar, dessen Entwicklung wachsam beobachtet wird. Allerdings geben die Signale des Revolutionsführers Gaddafi Anlass zu der Vermutung, dass es nicht Libyen ist, von dem zu Beginn des dritten Jahrtausends eine unmittelbare Gefahr für den Weltfrieden ausgeht.

Seit einigen Jahren treibt die Vereinigten Staaten eine ganz andere Sorge um als die militärische Auseinandersetzung mit den Schurkenstaaten. Schon die Außenministerin der Ära Präsident Bill Clintons, Madeleine Albright, bezeichnete die Gefahr als die vorrangige Herausforderung für das 21. Jahrhundert. Es handelt sich dabei um die Bedrohung durch terroristische Einzelkämpfer. 2001 verzeichnet das Verteidigungsministerium der USA ein steigendes Risiko für die Angehörigen des Militärs, zum Ziel einer terroristischen Attacke zu werden. Regelmäßig rufen die Verantwortlichen die höchste Alarmstufe aus: Force Protection Condition Delta. Von den amerikanischen Politikern wurden diese Warnungen stets zur Kenntnis, aber nicht ernst genommen.

Am 11. September sollten selbst die kühnsten Gefahrenszenarien durch eine bis dahin kaum vorstellbare Anschlagserie noch weit übertroffen werden. Die Selbstmordattentate vom 11. September 2001 erschütterten das US-amerikanische Selbstverständnis bis ins Mark.

III. Den Tätern auf der Spur

Tummelplatz der Spione

In der Zeit des Kalten Krieges spiegelten sich diese weltpolitischen Spannungen in Berlin wie in keiner zweiten Stadt wider. Die drei Alliierten USA, Sowjetunion und Großbritannien hatten bereits im September 1944 beschlossen, die Stadt, die von Krieg, Zerstörung und Demontage weit härter betroffen war als jede andere deutsche Stadt, sei »in ein besonderes Gebiet von Berlin, das der gemeinsamen Besatzung durch die drei Mächte unterworfen ist«, zu teilen. Das Gebiet sollte gemeinsam von den drei Alliierten besetzt werden.

Am 1. Mai 1945 trat Frankreich dem Londoner Abkommen bei. Berlin wurde zum Sitz des Alliierten Kontrollrates für ganz Deutschland erkoren. Damit war der Status von Berlin bestimmt. Am 2. Mai 1945 ging für die Berliner der Zweite Weltkrieg zu Ende. Die Rote Armee hatte Berlin allein erobert, ab Juli 1945 zogen die Westmächte in die für sie bestimmten westlichen Sektoren Berlins ein. Zwar formulierten die drei Großmächte während der Potsdamer Konferenz vom 17. Juli bis 2. August 1945 mit dem »Potsdamer Abkommen« noch eine gemeinsame Erklärung über die Grundsätze der Behandlung Deutschlands in der Nachkriegszeit. Doch im aufziehenden Krieg hatten die Gemeinsamkeiten damit auch schon ihr Ende.

In der Folgezeit richtete jede Kommandantur eine Stelle ein, die den Auftrag erhielt, über das nationalsozialistische Deutschland zu forschen und sich mit den übrigen Besatzungsmächten auszutauschen. Dabei ging es vor allem um die Suche nach ehemaligen Mitarbeitern des Reichssicherheitshauptamtes und der deutschen Abwehr und deren Agenten, von denen manche im Verdacht standen, Verbrechen begangen zu haben. Aber es ging auch um die heikle Frage der Entwaffnung der Deutschen und um Industriespionage. Beispielsweise um die von deutschen Forschern unternommenen Untersuchungen zur Herstellung von Nuklearwaffen, an denen alle Seiten im höchsten Maße interessiert waren. Im März 1948 zogen die Sowjets aus dem alliierten Kontrollrat aus. Wenige Tage später, am 21. Juni, verfügten die Westmächte in ihren Zonen die Einführung einer neuen Währung, der Deutschen Mark.

Jede Seite arbeitete nun nur noch für sich und spionierte auch im Bereich der anderen. In der in Sektoren geteilten Stadt der vier Siegermächte wurde, wie Juli Kwitzinskij schreibt, »zu jener Zeit die Zusammenarbeit mit dem Geheimdienst für viele Bewohner West-Berlins zur Gewohnheit. Es gab eine ganze Bevölkerungsschicht, die ihren Lebensunterhalt ausschließlich durch Spionage verdiente und oft für zwei oder drei Geheimdienstorganisationen arbeitete.« (»Vor dem Sturm. Erinnerungen eines Diplomaten«; Berlin 1993)

Nach der Berlin-Blockade 1948/49, der Niederschlagung des Ost-Berliner Aufstandes vom 17. Juni 1953 und erst recht nach dem Ungarn-Aufstand im Oktober 1956 war im Nachkriegseuropa Ende der 1950er, Anfang der 1960er Jahre nur noch eine Frage ungelöst – der Status von Berlin. Die beiden Teile Deutschlands bildeten die Nahtstelle der sich bekämpfenden politischen Blöcke. West-Deutschland war der »größte Operationskomplex der CIA in der Welt«, wie der langjährige hohe CIA-Beamte Ray S. Cline es nannte (»Secrets, Spies und Scholars: Blueprint of the Essential CIA«, Washington 1976).

Berlin wuchs in den Jahren des Kalten Krieges zum wichtigsten Zentrum nachrichtendienstlicher Tätigkeit heran. In der seit dem 13. August 1961 durch die Mauer geteilten Stadt belauerten sich vor allem Russen und Amerikaner, sehr darauf bedacht, dass nicht eine falsche Bewegung zum nächsten Weltkrieg führen könnte.

In Berlin trafen sich die Spione der miteinander im Konflikt stehenden Systeme, und mehr und mehr spielte auch das Ministerium für Staatssicherheit eine Rolle. Die Glienicker Brücke zwischen Potsdam und West-Berlin, seit 1949 für den allgemeinen Verkehr gesperrt, wurde der Schauplatz für den Austausch festgenommener CIA- oder KGB-Agenten – von Gary Powers 1962 bis Anatoly Schtscharansky 1986.

Im Status quo des Kalten Krieg entwickelte sich in der Spree-Metropole eine eigentümliche Art von Romantik. Wie Motten vom Licht wurden Autoren von Agentenromanen und Schriftsteller angezogen. Sie kreierten ihre eigene Version eines Berlin, in dem sich rauchende Schlapphüte und Regenmantelträger zwischen Trümmerbergen, im fahlen Licht alter Gaslaternen oder in düsteren Cafes und alten Kneipen trafen. Diese Darstellungen hatten nicht unbedingt etwas mit der Realität zu tun. Sie belegen aber das allgemeine Interesse an Berlin. Wie es sich beispielsweise bei John Le Carrés »Der Spion, der aus der Kälte kam« zeigt: »Die Nachrichtenbeschaffung in Berlin war entwertet und zu einer so alltäglichen Sache geworden, dass man einen neuen Mann bei einer Cocktailparty anwerben und beim Abendessen instruieren konnte, und bis zum Frühstück war er dann schon hochgegangen. Für einen Fachmann war es ein Alptraum: Dutzende verschiedener Organisationen, von denen die Hälfte mit Gegenagenten durchsetzt war, Tausende von losen Enden, zu viele Hinweise, zu wenig ernsthafte Quellen, zu wenig Raum, um operieren zu können.«

Auch der Fall La Belle hat solche Geschichten zu bieten, die bisweilen die Grenze zur Groteske überschreiten.

Unternehmen »Kiste«

Eter war offenkundig für das Volksbüro zum Risiko geworden. Dem MfS war dessen aktive Mitwirkung am Anschlag auf *La Belle* und bei der Ermordung eines Landsmannes im Treptower Park im Mai 1986 durchaus bekannt. Er musste außer Landes, wenn man es nicht riskieren wollte, dass er ausgewiesen wurde. Allerdings gab es da ein Problem. Es hieß Manon Korpal. Sie war die Freundin Eters und überdies schwanger. Im Unterschied zu ihm besaß sie keinen Pass. Sie kam aus dem Osten, und sie zählte nicht zu jenen DDR-Bürgern, die aus beruflichen oder aus persönlichen Gründen ins NSW, ins »Nichtsozialistische Währungsgebiet«, reisen durften. Wenn ihr also die legale Ausreise unmöglich war, blieb nur die illegale.

Ein Mitarbeiter der HA II informierte im Februar 1988 seinen Vorgesetzten: »Seit einigen Tagen trägt sich Musbah mit dem Gedanken, seine Freundin Manon mit Hilfe libyscher Diplomaten nach West-Berlin auszuschleusen und selbst ebenfalls nach West-Berlin überzusiedeln.«

Diese Nachricht kam von einem IM im libyschen Volksbüro. Musbah Eter hatte sich ihm anvertraut und wusste nicht, dass dieser auch für die Staatssicherheit arbeitete.

Am 26. Februar, um die Mittagszeit, ließ sich Musbah Eter mit einem Wagen zum Grenzübergang Bahnhof Friedrichstraße bringen. Seine beiden Begleiter Mohamed Othman und Essayed Musa schleppten eine Kiste, die, wie unschwer zu erkennen, nicht eben leicht war. Wie schwer sie daran trugen, war auch auf den Fotos zu sehen, die, von ihnen unbemerkt, gemacht wurden.

Beim Einladen in den grauen BMW, draußen in Mahlsdorf, schien das Behältnis samt Inhalt erheblich leichter. Aber da war auch die gefürchtete DDR-Grenzkontrolle noch in weiter Ferne.

Eine reichliche Stunde zuvor hatten sie noch zu viert Kaffee getrunken. Dann hatten sie die Kiste vernagelt, in die die Schwangere gestiegen war, und leichten Schrittes nach draußen befördert. Die drei Libyer reihten sich jetzt, am Bahnhof Friedrichstraße, in die Schlange der Rentner und Dienstreisenden ein, die sich vor dem Schalter der Vorkontrolle staute. Danach ging es ein paar Stufen hinunter in die Halle, die der Berliner Volksmund »Tränenpalast« nannte. Damit spielte man auf die Abschiedsszenen an, die sich aber nicht in, sondern bereits vor der Halle abspielten. Die Halle selbst konnten nur Personen mit gültigem Visum und der sogenannten Zählkarte betreten. Nach der Zollkontrolle teilte sich die Schlange. Diplomaten und Dienstreisende gingen nach links. Die »normalen« Ausreiser benutzten die übrigen drei oder vier Schleusen, in denen hinter einer Scheibe ein erhöht sitzender Grenzer den Paß studierte und die Zählkarte abstempelte. Eter musste nach rechts. Er hatte lediglich einen normalen Reisepaß mit einem noch drei Tage gültigen Visum, das ihm die »mehrmalige Ein- und Ausreise« gestattete. Seine beiden Gepäckträger hingegen besaßen Diplomatenpässe. Dennoch wurden sie vom Zoll aufgehalten. Eter, der sich bereits der Schleuse näherte, bemerkte, wie sie verlegen grinsten, als man sie nach der Zolldeklaration fragte.

In diesem Moment reagierte er unlogisch. Er wusste in diesem Augenblick, dass die Aktion geplatzt war. Doch statt nach vorn flüchtete er zurück. Einem Offizier erklärte er, er müsse noch einmal zurück, um Geld bei der Staatsbank der DDR zu deponieren. Der wusste oder ahnte, was der Grund für dieses Begehren war und forderte ihn auf, kurz zu warten. In diesem Augenblick wurden die beiden Libyer samt Kiste in den Raum neben dem Zoll gebeten. Da brannten bei Eter alle Sicherungen durch. Er sprang auf und versuchte nach draußen zu flüchten.

Er kam nicht weit. Ein Uniformierter hielt ihn fest, drehte ihm den Arm auf den Rücken und schob ihn in den Raum, in dem sich bereits seine Begleitung aufhielt.

»Aufmachen!« forderte der Offizier die beiden gerade auf.

»Wir sind Diplomaten. Sie dürfen weder uns noch unser Gepäck kontrollieren.« Der Widerspruch kam selbstbewusst. Die beiden taten so, als hätten sie Bücher in der Holzkiste und mithin alle Zeit der Welt. Irgendwann würden die DDR-Grenzer schon nachgeben und sie ziehen lassen.

Auch die beiden Uniformierten ließen wenig Unruhe erkennen. Sie schienen ihrer Sache sicher.

Es war still. Nur von draußen, aus der Halle, drang Gemurmel. Der Zeiger der elektrischen Uhr an der Wand sprang mit einem Klack von Minute zu Minute. 13.25 Uhr, 13.26 Uhr, 13.27 Uhr. Plötzlich kam ein Geräusch aus der Kiste. Noch einmal. Und dann vernahmen alle, wenngleich ein wenig dumpf, den Satz: »Macht die Kiste auf.«

Eter verfärbte sich aschfahl. Über die Gesichter der Grenzer zog ein Anflug von Heiterkeit. Darauf hatten sie gewartet.

»Und?«, fragte einer von ihnen, »öffnen Sie nun die Kiste? Oder sollen wir es aus humanitären Gründen selbst tun?«

Sie waren offenbar gut vorbereitet. Als hätten sie die Libyer mit diesem Gepäck bereits erwartet, reichten sie ihnen Brecheisen und Zange.

Die schwangere Manon Korpal rang nach Luft, als der Deckel angehoben wurde. Sie war durchgeschwitzt und sichtlich am Ende ihrer Kräfte.

Ihrem Freund warf sie einen strafenden Blick zu. Ohne jegliches Zögern reichte sie einem Grenzer ihren Personalausweis mit der Nummer A 1119896. »Bitte.«

Sie und Eter wurden offiziell festgenommen. Die beiden »Diplomaten« Othman und Musa mussten lediglich warten, bis sie der zuständige Mitarbeiter des Volksbüros auslöste. Spätestens in zwei Stunden würde man sie abholen. Sie hatten nichts zu befürchten. Auch nicht von den eigenen Leuten. Man würde bei Allah versichern, nichts vom Inhalt der Kiste gewusst zu haben. Sie seien davon ausgegangen, dass es sich um Bücher oder andere Druckschriften gehandelt hätte, die ihr Landsmann nach West-Berlin gebracht haben wollte.

Für die DDR war das der willkommene Anlass, Eter endlich des Landes verweisen zu können. An den Händen gefesselt und in Begleitung zweier libyscher Diplomaten wurde er am 2. März 1988 nach Tripolis ausgeflogen. In Libyen kam er für 17 Tage ins Gefängnis.

Manon Korpal wurde schon am 3. März 1988 nach West-Berlin abgeschoben.

Dorthin kehrte Eter noch im selben Jahr wieder zurück. Er heiratete seine Freundin und bemühte sich erfolglos um eine Anstellung bei der libyschen Nachrichtenagentur JANA. Und auch die Amerikaner zeigten wenig Interesse, als er sich in der US-Botschaft in Ost-Berlin als Informant andiente. Sie wollten nur etwas über *La Belle* und die Hintermänner wissen. Doch darüber gab Musbah Eter keine Auskunft.

Der IM, der mit seiner Information an das MfS die Fluchthilfe hatte auffliegen lassen, hieß übrigens »Alba«.

Mit gepackten Koffern

Im Westteil der Stadt führten die Ermittlungen zu keinem Ergebnis. Staatsanwalt Detlev Mehlis kapitulierte. Die Polizei hatte 266 Personen vernommen und war 220 Hinweisen aus der Bevölkerung nachgegangen. Zwar vermutete er, dass die Täter arabischer Herkunft gewesen sein könnten, aber er hatte dafür nicht den geringsten Beweis. Die Phantomzeichnungen zweier Frauen, die in unmittelbarer Nähe des Tatorts gesehen worden und dann verschwunden waren, brachten ebenfalls kein Ergebnis. Obwohl Justizsprecher Volker Kähne auf Anfrage bestätigte, dass Libyen als Drahtzieher des Anschlags verdächtigt werde, tauchen entsprechende Vermerke im Abschlussbericht nicht auf. Justizstaatssekretär Alexander von Stahl hatte aus »Gründen der Staatsräson« darauf bestanden, dass Libyen genannt wurde.

Nach drei Jahren ergebnisloser Nachforschungen versah Mehlis die Akte mit einem »Weglegevermerk«. Das bedeutete, dass die Papiere für die nächsten 20 Jahre aufgehoben werden sollten. Mehr nicht.

Doch so lange sollten die Akten nicht im Keller des Moabiter Justizpalastes verstauben. Ein von der Welt gänzlich unerwartetes Ereignis sorgte auch in dieser Sache für Bewegung. Eine kopflose SED-Führung musste tatenlos zusehen, wie am 9. November 1989 die Mauer fiel. Die Öffnung der Mauer erfolgte so plötzlich wie ihre Errichtung 28 Jahre zuvor. Wie so oft in der Geschichte hatte der Zufall Regie geführt.

Wer die Zeichen der Zeit richtig deutete, wusste, dass mit der Grenzöffnung das Ende der DDR eingeläutet worden war. Als habe man den Stöpsel einer Wanne gezogen, flossen nun Menschen und Material unkontrolliert hinaus. Die weit verbreitete Hoffnung auf eine reformierte DDR hatte sich erledigt. Die Macht des Faktischen war unerbittlich.

Zu jenen, die ganz schnell die Seite wechselten, gehörte auch Oberstleutnant Rainer Wiegand.

Er hatte sich auf den 28. Dezember 1989 gründlich vorbereitet. Wochenlang hatte er das angesammelte Archivmaterial durchstöbert. Tagelang hatte er die Aktenordner und die Unterlagen durchforstet und gesichtet, die seine Arbeitsgruppe in den letzten Jahren zusammengetragen hatte. Alles, was ihm wichtig erschien, hatte er eingepackt und unbemerkt aus der Stasi-Zentrale in der Normannenstraße im Berliner Bezirk Lichtenberg hinausgeschafft. Die Papiere füllten bald mehrere Koffer und Taschen. Er verstaute sie unter der Heckklappe seines Ladas. Wiegand wollte nicht mit leeren Händen bei seinem neuen Arbeitgeber erscheinen. Er wusste, man würde ihn dafür reich belohnen. Wenig später bekannte er freimütig: »Gerade weil die Zukunft ungesichert ist, arrangiert sich heute jeder auf der Seite des Stärkeren, so wie man sich früher auf der Seite der Stärkeren, sprich Partei, arrangiert hat.«

Auch sein bisheriger Arbeitgeber, das MfS, war mit Wiegand zufrieden gewesen. Sein Vorgesetzter hatte dem Berliner MfS-Offizier noch im Juli, zu seinem 50. Geburtstag, den »Kampforden für Verdienste um Volk und Vaterland« in Silber an die Brust geheftet. Jetzt suchte Wiegand, der vormalige Leiter der Arbeitsgruppe Ausländer (AGA) in der Hauptabteilung II (Spionageabwehr), das Weite.

Oberstleutnant Wiegand hatte sich beim Bundesnachrichtendienst mit seinem Wissen und den gestohlenen Akten angedient. Die von Wiegand geführte Arbeitsgruppe zählte 36 Mitarbeiter und kümmerte sich seit Mitte der 80er Jahre um jene Ausländer, die sich aus beruflichen Gründen längerfristig in der DDR aufhielten. Dazu zählte auch zwangsläufig die arabische Szene in Berlin.

Nebenbei war Wiegand auch noch Geschäftsführer der IBA-MOC. Die *Internationale Bau- und Montage-Cooperation* residierte in der Otto-Grotewohl-Straße 16 (heute Wilhelmstraße) und war im Wesentlichen mit MfS-»Offizieren im besonderen Einsatz« (OibE) besetzt. Die DDR holte zunehmend Firmen aus dem westlichen Ausland ins Land, die ihnen Betriebe, Hotels und andere Objekte errichteten. Vermittlung des Personals und des Handlings besorgte die IBAMOC, wobei eine Menge Devisen verdient wurde. Der Leiter der HA II, General Günter Kratsch, lobte im November 1988 auf einer internen Dienstbesprechung nicht grundlos seinen Abteilungsleiter: Wenn der Außenhandel in diesem Jahr zu Weihnachten mehr Apfelsinen kaufen könne, so liege das auch an Wiegands Leistungen.

So wurden von der IBAMOC etwa medizinische und andere Sozialleistungen der Vertragsarbeiter aus dem Westen in Rechnung gestellt und für vermittelte DDR-Arbeiter die Bezüge in West kassiert und in Ost ausgezahlt. Als unterschriftsberechtigter Geschäftsführer plünderte Wiegand das IBAMOC-Konto um mehr als eine Viertelmillion Mark.

Wiegand hob die exakt 265.000 D-Mark an jenem 28. Dezember 1989 von dem Firmenkonto ab. Noch am selben Tag machte er sich auf den Weg. Frau und Hund ließ er in Ost-Berlin zurück. Dafür nahmen im Lada seine Freundin und bisherige Sekretärin Ursula Stottmeister und deren beide Kinder aus früherer Beziehung Platz. Für persönliche Dinge blieb wenig Platz. Der Lada war bis unters Dach mit Dienstunterlagen vollgestopft. Das Fahrziel ähnelte dem des drei Wochen zuvor in abenteuerlicher Weise in den Westen geflohenen Stasi-Oberst Alexander Schalck-Golodkowski. Der Staatssekretär im DDR-Außenministerium für Außenhandel und Leiter des Bereiches Kommerzielle Koordinierung war über West-Berlin nach Bayern ausgereist, nachdem seine Verstrickung in geheime Waffenexporte und illegale Finanzgeschäfte bekannt geworden war.

Wiegands Ziel war ebenfalls Bayern. Er wollte nach Pullach bei München. Dort sitzt die Zentrale des Bundesnachrichtendienstes. Mit deren Mitarbeitern hatte er seine Flucht abgesprochen. Dort erwartete man ihn schon.

Der Überläufer packt aus

München-Pullach, Zentrale des BND
Anfang 1990

Monatelang saß Wiegand mit den Leuten vom BND zusammen. Der Bundesnachrichtendienst konnte sich über den willigen Überläufer freuen. Detailliert und kenntnisreich schilderte der Mann aus dem Osten den West-Kollegen die MfS-Spionagearbeit der letzten Jahre und auch seine eigene Bedeutung. »Meine Sachkompetenz ergibt sich insbesondere aus meiner direkten Verantwortung für Aufklärung und Bekämpfung sicherheitsgefährdender Angriffe von Ausländern, die konkrete Aufgaben zur Aufklärung und Kontrolle der Tätigkeit arabischer Nachrichtendienste, so auch der libyschen Geheimdienste, einschlossen. Die Angaben, die ich mit Kopien von Originaldokumenten aus der Arbeit des ehemaligen MfS unterlege, tätige ich, trotz der für mich aus Pressemeldungen zu meiner früheren Tätigkeit und daraus zu erwartenden Aktivitäten Libyens und anderer arabischer Staaten. Ich erwarte dafür, dass meine Angaben unter der erforderlichen Vertraulichkeit behandelt und in den Untersuchungen meinem erhöhten Sicherheitsrisiko Rechnung getragen wird.« Wiegand war einer der ersten Überläufer. Und er wollte zeigen, dass sein in Aussicht gestelltes »Informationshonorar« von etwa einer Dreiviertelmillion Mark auch wirklich gut angelegt war. Manche Frage konnte er nicht beantworten. »Ich bin leider nur in der Lage, Versionen aufzustellen und keine klare Identität zu geben, weil mir in der Hektik meines Abgangs eine Verwechslung passiert ist. Ich wollte diese Figur mitbringen. Ich habe aber eine falsche Akte gegriffen.« Dafür konnte er genau beschreiben und detaillierte Hinweise geben, wo in der Berliner Zentrale des Ministeriums für Staatssicherheit die fehlenden Akten lagen. Gut zwei Wochen nach Wiegands Flucht kam es am Abend des 15. Januar 1990 zu einer Demonstration von Zehntausenden Berlinern vor dem MfS-

Hauptquartier in der Normannenstraße. Etwa 2000 Demonstranten drangen am Abend in die Zentrale ein, nachdem von innen die Tore geöffnet worden waren. Sie hielten sie für gut eine Stunde besetzt. Dabei demolierten sie Räume im Eingangsbereich, brachen das eine oder andere Zimmer auf und entwendeten einzelne Akten.

Bei einer späteren Untersuchung der 18 verwüsteten Räume der HA II, der Spionageabwehr des MfS, stellte sich heraus, dass diese gezielt von deutschen und von auswärtigen Geheimdiensten durchsucht und ausgeräumt worden waren.

Dank Wiegands Anleitung fanden die Geheimdienstler schnell sein Arbeitszimmer, das Zimmer seiner Sekretärin, die Zimmer des Hauptabteilungsleiters Kratsch und des für Wiegand zuständigen Stellvertreters, die Räume der Zentralen Auswertungsabteilung der HA II, der Inneren Sicherheit (HA II/1), der Abwehr politische und ökonomische Spionage (HA II/6) und der Abteilung Internationale Verbindungen (HA II/10).

Das Interesse des BND richtete sich nicht vordergründig auf den Anschlag in Berlin vor reichlich vier Jahren. Der reihte sich schließlich ein in eine Vielzahl ungelöster Fälle des internationalen Terrorismus von der Roten Armee Fraktion (RAF) in Deutschland und den Roten Brigaden in Italien, von der korsischen Separatistenorganisation (ETA) in Spanien bis hin zur Irischen Republikanischen Armee (IRA) in Nordirland und Großbritannien.

Gleichwohl plauderte Wiegand auch darüber. Das Bild, das er den Leuten in Pullach zeichnete, zeigte die besondere Beziehung der DDR-Oberen zu dem libyschen Machthaber.

Die Umstände der libyschen Revolution, insbesondere die Beseitigung der amerikanischen Militärpräsenz in dem nordafrikanischen Staat, wurden von Ost-Berlins Machthabern glorifiziert. Sie stilisierten den jungen Gaddafi schnell zu einem »Helden des antiimperialistischen Befreiungskampfes«. Der revanchierte sich bei ihnen mit einer frühzeitigen Anerkennung der DDR. Das trug mit dazu bei, dass das Land trotz Hallstein-Doktrin aus der außenpolitischen Isolation herauskam. Ost-Berlin hofierte den

Mann aus der Libyschen Arabischen Volksjamahirya noch aus einem anderen Grund: Als reicher Öl-Produzent besaß Libyen eine unschätzbare Rolle für die rohstoffarme DDR. Sie hoffte, durch Kompensationsgeschäfte an das begehrte Öl zu kommen. Beispiel: die DDR errichtet ein Beton-Werk, Libyen zahlt mit Erdöl.

1978 schlossen beide Seiten ein Zehnjahresabkommen »Über die Festigung der Freundschaft und Vertiefung der Zusammenarbeit«. Darin wurden die wirtschaftliche, die wissenschaftlich-technische, aber auch die militärische und die geheimdienstliche Zusammenarbeit fixiert. Nachfolgende Sonderverträge regelten die Ausbildung libyscher Militärs an der Technischen Unteroffiziersschule der NVA in Prora auf Rügen und von Polizisten an Bildungsstätten in der DDR. Vergleichbare Verabredungen hatte Ost-Berlin mit einer ganzen Reihe von Staaten der Dritten Welt.

Dazu gehörte auch, dass die DDR behilflich war beim Aufbau nationaler Schutz- und Sicherheitsorgane. Das MfS gab beispielsweise relevante Informationen über die Dienste der USA, Frankreichs und Großbritannien weiter. Oberstleutnant Dietmar Weller von der Abteilung III der Hauptverwaltung Aufklärung (HVA) wurde Resident des MfS an der DDR-Botschaft in Tripolis, einem der ersten MfS-Stützpunkte im arabischen Raum. Ähnliches gab es auch in anderen Ländern. Als beispielsweise in den 50er Jahren junge Offiziere unter Nasser die Arabische Republik Ägypten installierten, baten sie die USA um Hilfe, um dadurch den Geheimdienst der früheren Kolonialmacht Großbritannien loszuwerden. Die Amerikaner waren jedoch so taktvoll, darauf hinzuweisen, dass sie in dieser Sache bereits in Israel aktiv seien, und schlugen darum den BND für diese Aufgabe vor. Problematischer hingegen war der Umgang mit der Botschaft in Berlin-Karlshorst. Für das »libysche Volksbüro« in der Hermann-Duncker-Straße und für seine Mitarbeiter galt der gleiche Auftrag wie bei allen anderen Diplomaten: Schutz und Gewährleistung der persönlichen Sicherheit und Abwehr »nachrichtendienstlicher Angriffe westlicher Nachrichtendienste«.

Und wenngleich angewiesen war, »nicht politisch-operativ« gegen das dort tätige Personal vorzugehen (was bedeutete, dass die Stasi nicht nur – im Gegensatz zu der sonst gängigen Praxis – keine Ermittlungen gegen die Botschaft und den dort beschäftigten Diplomaten und Angestellten führen sollte), verfolgte man dennoch sehr aufmerksam alle Vorgänge im Dreigeschosser hinter der damaligen Hochschule für Ökonomie.

Mit 40 Personen war diese Vertretung die größte, die Libyen im Ausland unterhielt. Und obgleich 32 Diplomaten und acht Angestellte nicht unbedingt etwas Ungewöhnliches darstellten, so war doch auffällig, dass sich die zumeist 25 bis 35 Jahre alten Libyer weniger für diplomatische Belange, dafür aber mehr für junge Frauen interessierten. Und diese wiederum fanden viel Interesse an den jungen Ausländern, die außerdem noch recht großzügig mit D-Mark oder Dollar umgingen. In den MfS-Unterlagen hieß es, dass die »Diplomaten« lediglich über ein Minimum an Ausbildung verfügten und ihre Hauptaufgabe in »Freizeit-Amüsements« sahen.

Die aufmerksamen Stasi-Männer registrierten weiterhin, dass es hinter den grün-weiß gestrichenen Mauern des Volksbüros eine »Vormachtstellung der Geheimdienstmitarbeiter« gebe. Vom Personal würde die Mehrheit dem Residenten Ali Keshlaf (»Nuri II« und »Kalif«) unterstehen, der offiziell für Konsularfragen zuständig sei.

Um den Libyern zu zeigen, dass man ihnen sehr wohl auf die Finger schaute, intensivierte das MfS in den 80er Jahren die Beobachtung der Botschaft. Vor dem Volksbüro stand ein alter, grauer Bauwagen. Drinnen saßen junge kurzhaarige Männer in den typisch einheitlichen Anoraks, die alles observierten, was sich vor dem Haus bewegte. Und jeder, der das Haus verließ, bekam einen Schatten.

Monatelang befragten die BND-Mitarbeiter den ehemaligen Stasi-Mann Wiegand. Sie hatten anfangs Zweifel, was die Zusammenarbeit mit dem eiligen Überläufer anging. Zu schnell hatte er die

Seiten gewechselt, zu oft sich ihnen als Widerständler innerhalb des MfS in Szene gesetzt. Und außerdem: Er nahm es mit den Fakten nicht immer genau – erst recht nicht, wenn er sich dadurch in einem besseren Licht zeigen konnte.

Das Bild, das er den Leuten in Pullach von der Staatssicherheit zeichnete, überraschte die West-Geheimdienstler dennoch. Zwar hatten sie bereits durch eigene Ermittlungen und nicht zuletzt durch Schalck-Golodkowskis Aussagen einiges über den Moloch Staatssicherheit erfahren. Doch was ihnen Wiegand anhand der mitgebrachten Unterlagen vortrug, überstieg ihre bis dahin vorhandene Vorstellung.

Sie erfuhren auf diese Weise zum ersten Mal: Die Staatssicherheit kannte die Hintergründe des La-Belle-Attentats. Sie hatte bereits zuvor einiges Wissen über den Anschlag. Im Grunde genug, dass er bei rechtzeitiger Information hätte vermieden werden können.

Aber dem Klassenfeind hinter der Mauer hatte die DDR weder vor noch nach der Tat ihre Informationen geben wollen. Deshalb kooperierte die Stasi mit den Libyern. Deshalb mussten unschuldige Menschen sterben. Im Gespräch mit den BND-Mitarbeitern in Pullach räumte Wiegand ein: »Es war eine widersprüchliche Zusammenarbeit, immer um den Preis oder die politische Vorgabe: ›Haltet die Brüder zufrieden, damit sie uns nicht beißen. So lange sie alles im Westen machen, können wir froh sein.‹«

Wiegands Aussage brachte den Fall *La Belle* wieder ins Rollen. Nachdem der BND die Redeprotokolle ausgewertet hatte, landeten die entsprechenden Passagen auf dem Tisch von Staatsanwalt Mehlis. Der Überläufer hatte jedoch nur kurzzeitig Freude an seinem Honorar. In den 90er Jahren verunglückte Wiegand unter ungeklärten Umständen auf der iberischen Halbinsel mit dem Auto. Tödlich. Unweit von Lissabon überrollte ihn und seine Frau ein Baufahrzeug von hinten.

Doch es trat noch ein anderes Ereignis ein, von dem der zuständige Detlev Mehlis, inzwischen zum Oberstaatsanwalt aufgestiegen, profitieren sollte.

Am 24. April 1996 richtete Rechtsanwalt Gerd Trube an das zuständige Berliner Kammergericht folgendes Schreiben: »Namens und aufgrund der mir von Musbah Omar Abulgasem Eter erteilten Vollmacht erkläre ich, dass mein Mandant bereit ist, sich in der Botschaft der Bundesrepublik Deutschland in La Valetta/Malta als Beschuldigter vernehmen zu lassen.«

Die Sehnsucht nach seiner in Berlin lebenden Familie hatte Eter offenkundig veranlasst, sich selbst zu stellen.

Am 9. September 1996 trafen sich in der Halle des Hotels »Holiday Inn« in der maltesischen Hauptstadt Eter, Mehlis und ein mitgereister Berliner Polizeibeamter. Die Botschaft hatte ebenfalls einen Vertreter geschickt. Mehlis später: »Ihm wurde verdeutlicht, dass sich glaubwürdige Aussagen in Sachen La Belle mit hoher Wahrscheinlichkeit deutlich strafmindernd für ihn auswirken könnten«.

Darauf ließ Musbah Eter sich ein. Er schilderte »glaubhaft« und »in sich schlüssig« das Geschehen, wie die Ermittler später als Zeugen erklärten. Mit einem Kugelschreiber skizzierte Eter die Henkeltasche, in der sich der Sprengsatz befunden haben sollte, und er beschrieb detailliert seine Herstellung in der Wohnung von Verena Chanaa.

Inspirator des Anschlages sei das libysche Regime unter Gaddafi gewesen, erklärte Eter. Diplomaten hätten den Sprengstoff aus ihrer Heimat nach Ost-Berlin geschafft. Es seien damals verschiedene Ziele für einen Terroranschlag erwogen worden – ein Schulbus der amerikanischen Streitkräfte, vier Diskotheken oder andere amerikanische Einrichtungen.

Ende März 1986 sei ein Teil des Sprengstoffes in den Westteil Berlins gebracht worden. Weil aber der ursprünglich geplante Termin wegen der verschärften Sicherheitsbemühungen der Amerikaner verschoben werden musste, habe man den Sprengstoff wieder in das Volksbüro nach Ost-Berlin gebracht.

Er selber, so Eter, habe am Attentat aber nicht mitgewirkt.

Unmittelbar nach dem Gespräch auf Malta nahm die Polizei Ali Chanaa und seine ehemalige Ehefrau Verena in Berlin fest.

Verenas Schwester, Andrea Häusler, spürte die Polizei in der griechischen Hafenstadt Saloniki auf, wo sie gerade ihre Ferien verbrachte.

Eter reiste nach Berlin zu seiner Familie. Als Kronzeuge der Anklage blieb er zunächst von der Haft verschont. Doch das Familienglück währte nicht lange. Offenbar lagen bei Eter angesichts des unmittelbar bevorstehenden Prozesses und der mit Sicherheit drohenden Haftstrafe die Nerven blank. Er hatte sich schon im Februar 1988 bei der Aktion mit der Kiste als nicht gerade nervenstark erwiesen. Im November 1997 sollte der Prozess beginnen – am Abend des 22. Juli 1997 floh er nach Rom und verhandelte dort mit libyschen Stellen über eine mögliche Rückkehr.

Später erklärte er: »Ich wollte aus Berlin nicht abhauen. In Libyen wohnen 500 Familienmitglieder von mir. Sie waren gefährdet. Es gibt in Libyen jetzt ein Gesetz, nachdem die Familienmitglieder für einen Verrat eines Familienmitgliedes haften.«

Die Berliner Ermittler ließen Musbah Eter über Interpol suchen. Am 26. August 1997 wurde er beim Verlassen der Wohnung eines Freundes in der Via Ethiopia von der römischen Polizei festgenommen. Zwei Monate später lieferte Rom ihn nach Deutschland aus.

Eter kam umgehend in U-Haft in die JVA Berlin-Moabit.

Nachdem Chraidi ein Jahr zuvor ausgeliefert worden war, konnte die juristische Aufarbeitung des Falles La Belle in die entscheidende Phase treten.

Der Prozess

Zweihundert Aktenordner, fünf Richter und zwei Ersatzrichter, zwei Staatsanwälte, eine Protokollführerin, vier Dolmetscher, ein Psychiater, mehr als zwei Dutzend Nebenklagevertreter, die von mehr als 100 Opfern des Anschlages den Auftrag haben, deren subjektive Interessen in diesem Verfahren wahrzunehmen. Und die fünf Angeklagten: Ali Chanaa, Yasser Chraidi, Musbah Eter, Verena Chanaa und Andrea Häusler. So lautete die Besetzung in der Inszenierung im Berliner Landgericht.

Am 18. November 1997 hob sich erstmals der Vorhang. Bald schon ergossen sich die Worte in den Saal, türmten sich zu einem schier unüberwindlichen Gebirge auf, das zu überwinden Aufgabe der Richter war. Die Worte wurden vervielfältigt, in fremde Sprachen übersetzt, wiederholt, geflüstert, genuschelt, gerufen und wieder vergessen.

»Dieses Ungeheuer von einem Prozess ist im Laufe der Zeit so verwickelt geworden, dass sich kein Mensch auf Erden mehr darin zurecht findet«, schrieb Charles Dickens in seinem Roman Bleak House. Auf mehr als 1.000 Seiten erzählte er die Geschichte eines Prozesses, der über Generationen kein Ende fand. Uns als Prozessbeobachtern drängten sich unwillkürlich Parallelen auf. Die Zahl der Zeugen schien jedes Maß zu übersteigen – 100 oder 200. Am Ende wusste das kaum noch jemand. Dazwischen trugen die Richter aus den Akten vor. Vermerke. Geständnisse. Widerrufe. Gutachten. Protokolle. Vernehmungen. Notizen. Die Richter lasen bereitwillig und gleichmütig.

»Vor sich aufgehäuft Klagen, Gegenklagen, Verteidigungsschriften, Erwiderungen, Verfügungen, eidesstattliche Erklärungen, Erlasse, Eingaben an höhere Instanzen, ganze Berge kostspieligen Unsinns ...« Als säße Dickens neben uns.

Die Hefter füllten das Regal an der Wand hinter den Richtern.

Was tranken Eter und Oberstaatsanwalt Detlev Mehlis an der Hotelbar auf Malta, als es darum ging, Eter zu bewegen, nach Deutschland zu kommen?

Wer lud wen ein?

Die deutsche Botschaft war fußläufig vom Hotel aus zu erreichen, sagte ein BKA-Beamter aus.

Wer saß wo in der Kreuzberger Sozialwohnung, als die Bombe zusammengebaut wurde?

Wer verließ die Wohnung zuerst, wer zuletzt?

Was erfuhr Führungsoffizier X von IM Y?

Wurde der Abteilungsleiter informiert?

»Na und?!«

Einer der Juristen meinte auf dem Gang: Die Richter haben sich in einen Wald begeben und finden nicht mehr heraus.

Ein anderer sagte: Es ist wie das große Qualmpeitschen. Die Luft wird aufgewirbelt, nach wenigen Minuten sieht es genau so aus wie vorher. Egal, die Suche nach »der Wahrheit« warf Profit für die Beteiligten ab. Und vergrößerte das Loch in der Haushaltskasse der Pleite-Stadt Berlin. Aufwandsentschädigungen, Reisekosten, Verdienstausfall für Zeugen, Nebenkläger und Gutachter. Alles in allem rund 20.000.000 Mark. Nicht wenige meinten, es wären noch weit mehr als »nur« zwanzig Millionen.

Seit Charles Dickens hat sich nur wenig geändert. »Das eine große Prinzip der Justiz ist, für sich selbst Geld zu verdienen. Durch alle ihre engen, labyrinthischen Pfade wird kein anderes Prinzip so bestimmt, sicher und konsequent aufrecht erhalten. Sieht man die Justiz in diesem Lichte an, so wird sie ein zusammenhängendes Ganzes und nicht der maßlos verwirrte Knäuel, als den sie die Laien so gerne betrachten.«

Allerdings leistete sich am Ende des 20. Jahrhunderts nur noch Deutschland derartige juristische Großveranstaltungen. Dass der deutsche Strafprozess einer Reform bedarf, zeigte allein schon der Blick auf die Reihe der Rechtsanwälte, die beim Prozess den Angeklagten gegenübersaßen. Die Einrichtung der Nebenklage, deren ursprünglicher Sinn darin bestand, die Interessen der Opfer in juristischen Verfahren individuell zu vertreten, hat sich zu einem lukrativen Geschäft entwickelt. Viele der Anwälte heuchelten nicht einmal den Eindruck, sie seien am Vorankommen des Prozesses interessiert. Sie saßen und schwiegen, lasen Zeitung oder dösten vor sich hin.

Mit Nichtstun, allein durch Anwesenheit verdienten sie täglich 640 DM. An manchen Prozesstagen war das sogar der Stundenlohn. Die Dolmetscher je 110 DM pro Stunde. Es hieß, einige anwaltliche Bürogemeinschaften hätten sich mit diesem Prozess mittels Aussitzen saniert.

Bezeichnend in mehrfacher Hinsicht war eine Episode, die sich auf einem Nebenkriegsschauplatz zutrug. Einer der Nebenkläger platzte eines Tages in den Verhandlungssaal mit einer Frage, die längst und umfassend geklärt war. Gemurmel und Zwischenrufe hinderten ihn, seinen Text zu Ende zu bringen. Wütend, den Grund des Unmuts nicht erkennend, wandte er sich an die maulende Kollegenschar: »Wenn Sie bereits wissen, was für eine Frage ich stellen will, dann formulieren Sie doch die Frage. Sie können anscheinend besser in meinen Kopf reinsehen als ich!«

»Da ist ja nichts«, kam es von der Bank.

Der kecken Reaktion folgte eine Strafanzeige. Der Anwalt fühlte sich beleidigt und verächtlich gemacht und forderte Sühne. Das Amtsgericht Tiergarten verhandelte den Fall tatsächlich.

Der Verteidiger des Angeklagten meinte, der Hinweis auf die vermeintliche Leere im Kopf des Kollegen sei selbstredend Satire gewesen. Er, der Kläger, habe wohl den prozessualen Rahmen wie auch die Realität verlassen: Wie könne man in einen Kopf schauen, um eine Frage zu erspähen? Mithin, auf einen unsinnigen Satz sei unsinnig, also angemessen, reagiert worden. Zweitens könne er durchaus den Wahrheitsbeweis antreten, dass im Kopf des Klägers in Sachen La Belle Leere herrsche - er habe nämlich die Prozessakten, die seit 1997 im Gericht für ihn bereitlägen, noch nicht einmal abgeholt. Und im Gerichtssaal, wenn er denn anwesend sei, hole der Herr Kollege nachweisbar seinen Schlaf nach.

Der Richter sprach den Angeklagten frei.

Justiz und Politik

Herbst 2001, Berlin
15 Jahre danach

Der Prozess näherte sich im Herbst 2001 seinem Ende. Die Schuld der unmittelbar am Anschlag Beteiligten schien festgestellt. Der Handel zwischen der Bundesrepublik Deutschland und Libyen war inzwischen auf mehrere hundert Millionen Dollar angewachsen, seit die UN-Saktionen in den späten 90er Jahren gelockert worden waren. Damit belegt die Bundesrepublik Platz 2 auf der libyschen Liste. Das im Herbst 1992 vom UNO-Sicherheitsrat beschlossene Luftverkehrs- und Waffenembargo wegen der Weigerung, die beiden mutmaßlichen Flugzeugattentäter von Lockerbie im Dezember 1988 auszuliefern, erledigte sich, als Tripolis im Frühjahr 2000 reagierte. Und zu Beginn des Jahres 2001 »vermittelte« Libyen auf den Philippinen, als dort Touristen gekidnappt wurden. Auch die deutschen Geiseln hatte man nach der Befreiung zunächst nach Libyen geflogen, um dort öffentlichkeitswirksam den Vermittlungserfolg zu präsentieren. Manche trugen Gaddafi-T-Shirts, die ihnen zuvor überreicht worden waren.

Libyen drängte langsam in die Weltgemeinschaft zurück. Den verständlichen außenpolitischen Bemühungen auf beiden Seiten war da die Erinnerung an 1986 hinderlich. Der La-Belle-Prozess riss alte Wunden auf.

Wenn es um große Politik geht, stören die Menschen mit ihren Sorgen und Problemen. Heino Möhring hat seit dem 5. April 1986 eine offene Wunde am Bein. Im Prozess erinnerte er an das rasch erloschene Interesse der Politiker an diesem Fall. Mit Blick auf die Erklärung des sichtlich berührten Bundeskanzlers bei der Besichtigung der Trümmer in Manhattan, als dieser materielle Hilfe für die New Yorker in Aussicht stellte, meinte Möhring, Zweifel anmelden zu müssen. Auch seinerzeit wurde rasche und unbürokratische Unterstützung in Aussicht gestellt. Doch geschehen war wenig. Zu den tragischen Facetten des La-Belle-Komplexes gehören die berechtigten Zweifel der Opfer, dass ihnen Gerechtigkeit widerfährt. Den Bemühungen ihrer Anwälte, im Außenministerium und im Auswärtigen Amt Unterstützung für ihre Forderungen zu erhalten, folgten meist blumig formulierte, hinhaltende Antworten. Auszüge aus dem Schriftwechsel einiger Opfervertreter mit dem Außenamt belegen das.

Am 15. November 1999 schrieben die Anwälte Hans-Joachim Ehrig und Stephan Maigné an Außenminister Joschka Fischer: »Ohne die Unschuldsvermutung für die strafrechtliche persönliche Verantwortung vor einem rechtskräftigen Urteil zu verletzen, läßt sich die organisatorische, politische und moralische Verantwortung Libyens für dieses Attentat vor der Weltgemeinschaft feststellen.

Der 1986 amtierende US-Präsident Reagan sprach von ›unumstößlichen Beweisen‹ und ließ deshalb Tripolis und Benghazi bombardieren.

Wegen dieses Attentats und der weiteren Attentate auf Flugzeuge (unter anderem Lockerbie) unterlag Libyen einem UNO-Embargo.

Unter diesem Druck hat Libyen inzwischen nicht nur die mutmaßlichen Attentäter von Lockerbie ausgeliefert, sondern auch in diesem Sommer 211 Millionen französische Franc für die Opfer der Sprengung der französischen UTA-Maschine am 19. September 1989 gezahlt. Vorausgegangen war ein Brief Gaddafis an den französischen Staatspräsidenten Chirac vom 23. März 1996, in dem Kooperation angekündigt worden war.

Nach unserer Kenntnis soll dem Deutschen Botschafter in Tripolis vom libyschen Außenminister ebenfalls Hilfe zugesagt worden sein. Sie selbst, sehr geehrter Herr Minister, haben am 7. Oktober 1999 auf meine Frage zu etwaigen Absprachen mit dem Iran zur Lage im Mittelmeer ausgeführt: ›Gaddafi ist auf einem guten Weg.‹ Wenn dies bedeuten soll, dass Libyen – sich seiner Verantwortung vor der Weltgemeinschaft stellen will – dem Terrorismus abschwört, und Entschädigung an die Opfer seiner terroristischen Taten zu zahlen bereit ist, dann bitten wir Sie als Person und als verantwortlicher Außenminister, mit geeigneten Schritten den Opfern des La-Belle-Attentates zu ihrem Recht auf eine Entschädigung zu verhelfen.

Was den französischen Opfern recht ist, sollte den Opfern des Attentats in Berlin billig sein.«

Die Antwort des Außenministers fiel nüchtern aus.

»Es trifft zu, dass Libyen im Zusammenhang mit der Entführung und Sprengung einer französischen UTA-Maschine Entschädigungszahlungen an die Opfer geleistet hat, allerdings erst nach rechtskräftigem Abschluss des Verfahrens. Desgleichen hat Libyen im Lockerbie-Verfahren für den Fall einer Verurteilung der Angeklagten Entschädigungen für die Opfer zugesagt. Soweit hier bekannt, besteht eine solche Entschädigungszusage im La-Belle-Fall nicht. Gleichwohl dürfte sich Libyen hier nicht anders verhalten als in den Fällen UTA und Lockerbie.«

Während die UNO-Sanktionen nach dem Anschlag und die Aktion »El Dorado Canyon« ohne rechtskräftiges Urteil von der Weltgemeinschaft getragen worden waren, zeigt sich die Politik kühl distanziert. Ein Wort der Sympathie für das Anliegen der Opfer fehlte.

Aber auch die Nebenkläger sind sich uneins. Der Versuch der Anwälte Ehrig/Maigné, im Interesse aller Opfer mit einer Stimme zu sprechen, scheiterte an der persönlichen Eitelkeit einzelner Juristen. Einige Vertreter erweckten regelrecht den Eindruck, das Verfahren ausschließlich für eigene werbewirksame Auftritte zu nutzen. Auftritte im Gericht mit eigens angeheuerten Bodyguards oder die Veranstaltung eigener Pressekonferenzen sollten wohl eher die eigene Wichtigtuerei unterstreichen, als der Sache dienen. Wegen unlauterer Werbung von weiteren Nebenklägern als Mandanten trat in einigen Fällen das Anwaltsgericht auf den Plan.

Dabei fehlt es nicht an warnenden Beispielen. Im Fall des 1994 auf der Ostsee gesunkenen Fährschiffes »Estonia« waren die Anwälte der Opfer ebenfalls untereinander zerstritten. Zu einer Entschädigungszahlung für die Angehörigen kam es auch hier bislang nicht.

Die Protokoll-Affäre

Auswärtiges Amt, Berlin
31. März 2001

Der Prozess gegen Täter und Hintermänner des Anschlages, begonnen Ende 1997, lief bereits im vierten Jahr. Der Kronzeuge Eter hatte bei seiner Vernehmung auf Malta erklärt, dass der libysche Revolutionsführer hinter allem gestanden habe. Das war auch die allgemeine politische Lesart. Drahtzieher und Kopf des Terrorismus war Muammar al-Gaddafi.

Jedoch: Dessen Verantwortung war zunehmend in den Hintergrund getreten. Das konnte die politischen Beobachter nicht überraschen. Nicht nur Libyen – auch die Bundesrepublik Deutschland war an der Verbesserung ihrer zwischenstaatlichen Beziehungen interessiert. Schließlich wollte man ja nicht zurück, sondern nach vorn schauen.

Nun war (und ist) die Außenpolitik das eine – das andere war (und ist) die Justiz. Beides, so könnte man meinen, hätte nichts miteinander zu tun. Dass dies nicht so ist, wurde durch einen politischen Betriebsunfall sichtbar.

Im Mai 2001 erlangte die Drucksache des Auswärtigen Amtes mit dem Geschäftszeichen »Gz.: Pol 321.10« und der untersten Geheimhaltungsstufe »VS – NfD« (Verschlusssache – Nur für den Dienstgebrauch) allgemeines öffentliches Interesse. Es handelte sich um ein zehnseitiges Fax (»Drahtnachricht«) der deutschen Botschaft in Washington, das, abweichend von der sonst üblichen Praxis, an das Kanzleramt gegangen war. Daraufhin hatte es ein rundes Dutzend Länderreferate im Auswärtigen Amt passiert. Sodann war es noch an 15 Botschaften, darunter in Pjöngjang, Skopje und Ramallah, sowie an das Finanz- und an das Umweltministerium weitergeleitet worden.

In diesem Bericht informierte der deutsche Botschafter Jürgen Chrobog über das erste Treffen von Bundeskanzler Gerhard

Schröder mit US-Präsident George W. Bush am 29. März 2001. An der Begegnung im Weißen Haus hatten Schröders außenpolitische Berater, Ministerialdirektor Michael Steiner sowie US-Außenministers Collin Powell und die Sicherheitsberaterin Condoleezza Rice teilgenommen. Und der deutsche Botschafter in den USA Jürgen Chrobog.

Ihn hatte Schröder in guter Absicht mitgenommen: Die rotgrüne Bundesregierung wollte mit der umstrittenen Geheimdiplomatie Helmut Kohls brechen. Der hatte häufig – oft zum Verdruss seines Fachministers – Außenpolitik auf eigene Faust gemacht.

Auftraggemäß protokollierte der Botschafter das, was zwischen der amerikanischen und der deutschen Seite besprochen wurde, und fügte die Eindrücke der deutschen Seite von ihren amerikanischen Gesprächspartnern hinzu.

Bereits die ersten sechs Zeilen sorgten nicht nur im Auswärtigen Amt, sondern auch im Ausland für Verärgerung. »Steiner berichtet über seine Gespräche mit Gaddafi in Libyen. Dieser habe eingestanden, dass sich Libyen an terroristischen Aktionen (La Belle, Lockerbie) beteiligt habe. Er habe erklärt, dem Terrorismus abgeschworen zu haben, und bat um die Chance, diese neue Haltung Libyens beweisen zu können. Auch Gaddafi habe Angst vor fundamentalistischen Strömungen …«

Die Aufregung in Berlin war verständlicherweise groß – nicht nur wegen der Peinlichkeit, dass Vertrauliches an die große Glocke gehängt worden war. Simmte denn das überhaupt, was Chrobog notiert hatte? War alles richtig wiedergegeben? Handelte es sich tatsächlich um das lang erwartete Eingeständnis Libyens? Und warum hatte Steiner das nicht anderenorts öffentlich gemacht?

Ein Spitzendiplomat aus dem Auswärtigen Amt erklärte, bei dem Bericht über das Gespräch im Oval Office habe Chrobog die Begriffe »La Belle« und »Lockerbie« von sich aus hinzugefügt, damit der außenpolitisch unerfahrene neue US-Präsident eine Ahnung bekäme, worum es bei den deutsch-libyschen Gesprächen gegangen sei. (Solche Hinweise scheinen in der Tat erforderlich gewesen zu sein. Eine intime Kennerin der Präsidentenfamilie verriet im Oktober 2001 der deutschen Presse: »George und Laura Bush sind sehr gewöhnliche Menschen. Sie interessieren sich nicht für Politik oder andere wichtige Themen ... Ich weiß, dass sich Bush bei jedem Briefing und jedem Meeting gelangweilt hat. Bush kennt das Weiße Haus. Er war dort mit seinem Vater. Es interessiert ihn nicht besonders ... Die Bushs fühlen sich normalerweise am wohlsten im Kreise ihrer Familie, spielen mit dem Hund und gehen früh ins Bett.«)

Vielleicht aber galt Chrobogs Erläuterung auch den eigenen Vorgesetzten, um dem offensichtlich vermuteten Vorurteil entgegenzuwirken, als Botschafter kenne man sich allenfalls im Gastland, nicht aber in der Weltpolitik aus? Wen also meinte Chrobog? George W. Bush, Michael Steiner oder gar Joschka Fischer? Der Rechtsanwalt Andreas Schulz aus dem La-Belle-Prozess hatte das Chrobog-Papier von einem Politiker zugesteckt bekommen und es der FAZ zugespielt.

Mit seinem Kollegen Axel Hodok vertrat er etwa 40 Opfer des La Belle-Anschlages. Mit seiner gezielten Indiskretion verfolgte er eine Doppelstrategie.

Am Ende des Prozesses wollte er natürlich auch Täter und ihre Hintermänner bestraft wissen. Auf der anderen Seite hatte Schulz die legitimen Interessen seiner Mandanten auf Entschädigung im Sinn. Gaddafi, so seine Überlegung, könnte sich aus politischem Kalkül von seiner Schuld quasi freikaufen. Um zu demonstrieren, dass sich Libyen seiner Verantwortung stelle und tatsächlich mit dem Terror breche, könnte sich der Revolutionsführer eventuell zu einer Entschädigung der Opfer durchringen. Auf diese Weise, so die Überlegung von Schulz, würden seine Mandanten von dem politischen Deal profitieren – und er selbst, doch das sagte er nicht laut, einen nicht unerheblichen Anteil einstreichen können.

Der Anwalt drängte die Bundesregierung, sich für eine schnelle Entschädigung der Opfer einzusetzen. Sie sollte Gaddafi von der außenpolitischen Wirkung einer Zahlung überzeugen. Schulz erinnerte beispielsweise daran, dass das Foreign Office aktiv wurde, als die britische Polizistin Yvonne Fletcher bei einer Demonstration aus dem libyschen Volksbüro erschossen wurde. Und als im September 1989 ein französisches Flugzeug (UTA 772) über der Sahara abgeschossen wurde, erreichte Paris ebenfalls, dass Gaddafi an die Hinterbliebenen zahlte. Am 15. Mai 2001 titelte die *Frankfurter Allgemeine Zeitung:* »Gaddafi gibt Libyens Beteiligung am *La Belle*-Attentat zu«.

Zwar dementierte die Bundesregierung sofort, über einzelne Terroranschläge sei in Washington nicht gesprochen worden. Doch andere Blätter zogen nach und veröffentlichten das gesamte Papier. So erfuhr die Welt auch, dass beim Treffen mit Bush wenig schmeichelhafte Sätze über die politischen Führer anderer Länder gefallen waren. US-Außenminister Colin Powell habe, so las man, Palästinenserführer Yasser Arafat einen aussichtslosen Fall genannt. »This guy ist lost«, wurde Powell zitiert. Der PLO-Chef habe jeden Bezug zur Realität verloren.

Kanzler Schröder nannte Jordaniens König Abdullah II angeblich einen der »machtlosesten Führer« im Nahen Osten. Und gemeinsam mit Bush machte er Rußlands Präsident Wladimir Putin für die »fortlaufende Bewaffnung des Iran verantwortlich«. Deshalb wollten die USA und die Bundesrepublik Rußland solange keine weiteren Millionenhilfen gewähren, wie dort »ungeheuere Summen ins Ausland geschafft« werden würden.

Im Auswärtigen Amt nahm man zur vermeintlichen Äußerung Gaddafis Stellung. Der Revolutionsführer habe »das« gegenüber Steiner am 17. März in Tripolis nicht erklärt.

Es gab »kein Geständnis, sondern eine Diskussion«, kommentierte auch Saif Islami Gaddafi in einem Gespräch mit der Welt am Sonntag, dem 20. Mai 2001, das Treffen seines Vaters mit Ministerialdirektor Steiner. »Wir haben das, was man uns vorwirft, längst hinter uns gelassen, und deshalb gibt es auch keinen Grund, sich von etwas zu distanzieren. Und das ist der deutschen Regierung klar.«

Die Bundesregierung bemühte sich erkennbar um Schadensbegrenzung im Vorwärtsschreiten. Ludger Volmer, Staatsminister im Auswärtigen Amt, nahm in Aussicht: »Wann immer die Bundesregierung mit libyschen Stellen zusammentritt, wird der Gesamtkomplex ›La Belle‹ angesprochen – mit welchen Worten auch immer.«

Staatssekretär Wolfgang Ischinger telefonierte mit dem stellvertretenden US-Außenminister Richard Lee Armitage und versprach, mit einer »Task Force« der Bundesregierung das Leck ausfindig zu machen, durch das das peinliche Papier nach außen gedrungen sei. Die Vizesprecherin des Auswärtigen Amts, Sabine Sparwasser, erklärte, dass an der Suche Beamte des Außenamtes beteiligt seien, die auch Experten von anderen Stellen hinzuziehen würden.

Allen Beteiligten war jedoch klar, Untersuchungen dieser Art enden wie das Hornberger Schießen, zumal wenn zwei verschiedene Institutionen daran beteiligt sind. Das Auswärtige Amt würde versuchen, die Schuld ins Bundeskanzleramt zu schieben – und umgekehrt. Offenbar hatte Steiner übertrieben, was jedenfalls wahrscheinlicher ist, als dass Chrobog etwas Falsches aufgeschrieben hat. Tagelang verheimlichte Steiner, dass er den Bericht, bevor er in der Bundesregierung verbreitet wurde, selber gelesen, korrigiert und schließlich gebilligt hatte.

Außenminister Fischer geriet über die Angelegenheit so in Rage, dass er in einem Telefonat mit Schröders außenpolitischem Berater laut wurde. Für eine Weile herrschte erhebliche Spannung zwischen Kanzleramt und Auswärtigem Amt. Kein Wunder, dass die weitere Kreise zog.

Am 1. Juni 2001 schickte ein Anonymus von einem öffentlichen Absender das komplette Protokoll über das Gipfeltreffen an die Berliner Justiz. Um 12.02 Uhr spuckte das Faxgerät im Vorzimmer des Berliner Generalstaatsanwalts Dieter Neumann zunächst das bereits veröffentlichte Dokument aus, dann folgte noch eine zweite Depesche (»Nr. 597«). Darin waren die Gespräche von Kanzler Schröder mit einflussreichen US-Senatoren und eine

Zusammenfassung der Reise notiert. Botschafter Chrobog hatte, wohl nicht ganz unzutreffend, darin geschrieben: »Das Gespräch mit Präs. Bush zeigte, dass dieser sich in viele Themen noch einarbeiten muss und daher in seiner Haltung beeinflusst werden kann.«

Eine Katastrophe für die deutsche Diplomatie. Geheim war nun gar nichts mehr. In indirekter Rede, meist in grammatikalisch falscher Form, wurden heikle Gesprächspassagen wiedergegeben, etwa das Plädoyer des Kanzlers für eine geheime Unterstützung Israels: »Deutschland täte viel zur militärischen Stabilisierung dieses Landes, ohne dieses in die Öffentlichkeit zu tragen.«

Nun hatte man es in die Öffentlichkeit getragen. Zwar nicht mit Vorsatz. Aber das war unwichtig.

Auch im Ausland begann sich Kritik zu regen.

In der arabischen Welt herrschte betretenes Schweigen. Die beißende Kritik an arabischen Führern wie Arafat und Abdullah II. war weder ein Thema der dortigen Medien noch Gegenstand offizieller Stellungnahmen. Das lag gewiß auch an den dort herrschenden strengen Pressebestimmungen. Nicht nur in Syrien, wo der Kanzler laut Protokoll »schreckliche Gespräche« geführt haben wollte. Kein Palästinenser erfuhr aus seinen Zeitungen, dass die US-Regierung Arafat einen fatalen Realitätsverlust bescheinigte. Doch hinter vorgehaltener Hand machte sich in der arabischen Welt Empörung breit. »Es ist undenkbar, dass unsere gesamte politische Führung als unnütz abgetan wird«, hieß es am Sitz der Arabischen Liga in Kairo. Keine Frage: Die Araber sahen in dem Papier einen neuerlichen Beleg für den verinnerlichten Hochmut und die augenfällige Arroganz westlicher Politiker gegenüber ihrer Welt. Wer sich über die Vertreter arabischer Staaten mokierte, rümpfte zugleich die Nase über deren Völker, für die sie sprachen.

Generalstaatsanwalt Neumann legte das Fax zu den Gerichtsakten. Das Gericht hielt die Dokumente für authentisch. Eine Anfrage an das Bundeskanzleramt, auch offiziell dieses Papier zu bekommen, wurde von Kanzleramtschef Steinmeier mit Hinweis auf eine Entscheidung des Bundesverfassungsgerichts abgewiesen. »Unterlagen über die interne Willensbildung der Bundesregierung« müssten gegenüber Gerichten »nicht offen gelegt« werden.

Das Kanzleramt schränkte auch die in Aussicht genommene Befragung von Ministerialdirektor Steiner prophylaktisch ein. Der Kanzlerberater dürfe nur in nichtöffentlicher Sitzung und keinesfalls zum Gespräch im Oval Office vernommen werden. »Die vom Gericht erbetene umfassende Aussage«, schrieb Steinmeier an Richter Marhofer, »würde insbesondere das Verhältnis zu unserem Hauptbündnispartner, den Vereinigten Staaten von Amerika, belasten. Das Vertrauen fremder Regierungen auf die Vertraulichkeit des Wortes« dürfe nur »in schwerwiegenden Fällen« verletzt werden.

Im Auswärtigen Amt nahm man Steiner das Gaddafi-Geständnis nicht ab: Gaddafi habe das Steiner nicht gesagt, aber Steiner Bush, hieß es hinter vorgehaltener Hand. Diese Version bestätigte auch Gaddafis Sohn Saif Islami Gaddafi in einem Gespräch mit der »Welt am Sonntag« am 20. Mai 2001. Nach seinen Worten gab es »kein Geständnis, sondern eine Diskussion«, und er fügte hinzu: »Wir haben das, was man uns vorwirft, längst hinter uns gelassen, und deshalb auch keinen Grund, uns von etwas zu distanzieren. Und das ist der deutschen Regierung klar.«

Der Gaddafi-Sohn hatte offenbar recht, denn die Bundesregierung untersagte Botschafter Chrobog eine Aussage vor Gericht. Darauf wollte sich keiner der Verfahrensbeteiligten einlassen. Richter Marhofer unterbreitete dem Kanzleramt einen Gegenvorschlag. Die Regierung möge doch bitte erläutern, worin bei einer Aussage Steiners die »Gefährdung der Staatssicherheit« bestehe, die laut Gesetz bestehen müsse, um die Öffentlichkeit vom Verfahren auszuschließen.

Doch das Kanzleramt blieb unerbittlich. Man mache sich nicht zum Gespött anderer Staaten, hieß es.

Am 30. Juli 2001 erklärte Außenamts-Sprecherin Sparwasser das Ende der Tätigkeit der *Task Force*: »Es ist nicht gelungen, die Quelle der Indiskretion ausfindig zu machen.«

Das Gericht sah – im Unterschied zum Bundeskanzleramt – keine hinreichenden Anhaltspunkte für eine Gefährdung der Bundes-republik und bestand weiterhin darauf, dass Steiner zu seinem Gespräch mit Gaddafi öffentlich aussagte. Natürlich saß man über Täter zu Gericht, ihre individuelle Schuld musste bewertet wer-den. Doch man konnte nicht so tun, als hätten sie ausschließlich aus persönlichen Motiven gehandelt. Die Frage musste eindeutig beantwortet werden, ob sie die Tat im Auftrag verübt hatten, und falls dies – wovon auszugehen war – der Fall gewesen ist, dann muss-ten auch die Auftraggeber benannt und verurteilt werden.

Oberstaatsanwalt Detlev Mehlis warf der Bundesregierung vor, sie würde dem Gericht Beweismittel vorenthalten. Um die Echt-heit der vorliegenden Protokoll-Kopie zu prüfen, müsse der gesamte Text im Prozess verlesen werden.

Die Nebenkläger teilten diese Auffassung. Sie meinten sogar, die Auffassung der Bundesregierung entspreche nicht der Rechtsla-ge. Das Interesse der Opfer an umfassender Aufklärung des Anschlags würde nicht ausreichend berücksichtigt, so Neben-kläger Hans-Joachim Ehrig. Der Opferanwalt verlangte, Bundes-kanzler Schröder vorzuladen. Oder, dachte Ehrig laut, man müs-se das Verwaltungsgericht anrufen, um eine öffentliche Aussage Steiners zu erreichen.

Anwalt Andreas Schulz beantragte sogar, US-Präsident Bush, des-sen Außenminister Powell und Sicherheitsberaterin Rice vorzu-laden, wenn man von deutscher Seite keine erschöpfende Aus-kunft über den Gesprächsinhalt und die Verwicklung Libyens in den Sprengstoffanschlag bekommen würde.

Richter Marhofer lehnte eine Vorladung ab. Das Gericht stellte fest, »dass die Rolle des libyschen Staates im Hinblick auf die Pla-nung und Durchführung des Anschlags bereits ausreichend bewertet werden kann«. Eine Vorladung des amerikanischen Prä-sidenten und seines Außenministers sei darum nicht erforderlich.

Der Petitionsausschuss des Bundestages empfahl dem Auswärtigen Amt jedoch, sich bei Gaddafi für eine schnelle Entschädigung der *La Belle*-Opfer einzusetzen. Doch dafür kam der außenpolitische Berater des Bundeskanzlers, Michael Steiner, nicht mehr in Frage. Sein Drang zur Selbstdarstellung, sein Gehabe als des Kanzlers bester und wichtigster Mann und vor allem sein unkontrolliertes, herrisches Auftreten stellten ihm am 2. November 2001 ein Bein. Aus Schanghai kommend, geriet der 52-jährige in Rage, als sich ein Zwischenstopp des Luftwaffen-Airbus in die Länge zog.

Übermüdet und genervt herrschte er einen diensttuenden deutschen Soldaten aus dem Stab des deutschen Militärattachés an der deutschen Botschaft an. Steiner beschimpfte den Soldaten als »Arschloch«, obwohl dieser keinerlei Befehlsbefugnisse über die russischen Soldaten hatte. Der peinliche Auftritt hatte seinen Höhepunkt, als der Kanzlerberater brüllte: »Wo bleibt mein Kaviar, Sie Arschloch!« So jedenfalls erinnerten sich später drei Soldaten in einer schriftlichen Beschwerde an diese Szene.

Sie reichten diese Beschwerde bei ihrem Dienstherrn, dem deutschen Militärattaché in der russischen Hauptstadt ein. Und der, ein Oberst, machte sich die Klagen seiner Schutzbefohlenen zu eigen und sorgte dafür, dass nun wieder ein Papier, in dem der Name Steiner auftauchte, in die Ministerien wanderte. Es landete auf den Tischen des Bundeskanzleramtes, des Bundesverteidigungsministeriums und des Auswärtigen Amtes. Duplizität der Ereignisse: Irgend jemand muss auch dieses Papier der Presse zugespielt haben.

Das Thema beherrschte die Seiten der bunten Blätter. Ein Tag, zwei Tage, drei Tage – dann gab Steiner entnervt und abgehetzt auf. An seinem Schreibtisch am Werderschen Markt in Berlin schrieb er seine Demission: »Sehr geehrter Herr Bundeskanzler, ich bitte Sie, mich meiner vor drei Jahren verliehenen Funktionen zu entbinden. (...) Ich habe gerne für Sie gearbeitet. Sie tragen die schwerste Bürde in unserer Demokratie.«

Kanzler Schröder versuchte nicht, ihn zu halten. Er war auf dem Parteitag der SPD in Nürnberg, wo es darum ging, die Grünen bei der Afghanistan-Politik zur Koalitionsdisziplin zu mahnen. Er nahm Steiners Gesuch an.

Und so kam es, dass für Steiner nicht eine Protokoll-, sondern eine Kaviar-Affäre zum Stolperstein seiner Karriere wurde.

Schlussworte

15 Jahre nach dem Bombenanschlag auf die Friedenauer Diskothek La Belle, vier Jahre nach dem Beginn des Prozesses und eine Woche nach den Selbstmord-Attentaten in New York und Washington ging das Verfahren gegen die fünf Angeklagten endlich auf die Zielgerade. Kurz vor dem Ende der Beweisaufnahme äußerten sich Ali Chanaa und zum ersten Mal im Prozess überhaupt Yasser Chraidi zu den jüngsten Ereignissen in Amerika. Sie verurteilten die Anschlagserie in Amerika als »feige Aktion«, die »alle friedliebenden Völker der Welt« treffe, sagten die beiden übereinstimmend.

»Verdammt sollen diejenigen sein, die Urheber für diese Aktionen sind«, fügte Yasser Chraidi hinzu. Oberstaatsanwalt Detlef Mehlis sagte nach den Äußerungen der beiden Angeklagten hingegen, Anschläge wie La Belle hätten die New York-Attacke erst ermöglicht. Er kritisierte die Äußerungen als »peinlich«. Das Bedauern der Angeklagten sei nicht ernst zu nehmen.

Am 4. Oktober 2001, um 14 Uhr 20, rückte Oberstaatsanwalt Detlev Mehlis das Mikrofon zurecht. Hinter Mehlis lagen 16 Jahre Ermittlungsarbeit, 273 Verhandlungstage – nur das Plädoyer stand ihm noch bevor. Er ist der Mann für die großen Brocken in der Berliner Justiz.

Jahrelang hat er sich mit dem Anschlag auf das französische Kulturzentrum Maison de France beschäftigt. Das Verfahren endete 2000 mit »Lebenslänglich« für Johannes Weinrich. Seit 2002 beschäftigt sich erneut ein Gericht mit der rechten Hand des Top-Terroristen Carlos. Verfasser auch dieser Anklageschrift: Detlev Mehlis.

Wohl kaum jemand hat sich in den vier Jahren mehr gelangweilt als er. Niemand sonst kennt den Aktenberg besser als Mehlis, der während der vergangenen 16 Jahre geduldig ein Mosaiksteinchen ans nächste fügte, um den Anschlag aufzuklären. Umso größer war seine Enttäuschung, als das Gericht zum Schluss kam, das von Eter ihm gegenüber abgelegte Geständnis auf Malta sei nicht zu verwerten. Der Bruch zwischen Mehlis und dem Gericht war nicht mehr zu reparieren.

»Das Plädoyer in einem solchen Verfahren kann natürlich nicht losgelöst von den ungeheuerlichen Ereignissen der vergangenen Wochen in New York und Washington gehalten werden«, sagte Mehlis zu Beginn seines Schlussvortrages. »Auch bei La Belle handelte es sich um einen Anschlag, der sich gegen die USA gerichtet hat und bei dem es nichtsahndende, unschuldige Menschen traf. (…) Es ist der Verdienst dieser Hauptverhandlung, den Schleier des Vergessens gelüftet zu haben«, fuhr Mehlis fort. Neben den fünf Angeklagten haben die Ermittler auch die Hintermänner ausgemacht: den libyschen Geheimdienst und das libysche Außenministerium. »Wir gehen davon aus, dass die Verhandlung den Eindruck des Staatsterrorismus bestätigt hat.«

Zum Schluss äußerte Detlev Mehlis noch zwei Wünsche. »Ich wünsche mir, dass La Belle der schwerste Anschlag in Berlin bleiben wird, und ich hoffe, dass die Opfer auf die deutsche Politik vertrauen können, dass sie sich für eine Entschädigung einsetzt. Wenn nicht, entlarvt sich alles, was jetzt über den Kampf gegen den Terrorismus gesagt wird, als Lippenbekenntnis.«

Das zentrale Plädoyer zum Tathergang und zur Schuldfrage der Angeklagten hielt Mehlis nicht. Er hatte im Prozess nach den Reisen nach Malta und Libyen mehrfach als Zeuge in dem Verfahren ausgesagt und war so zum Gegenstand des Falles geworden. Die Würdigung der Ergebnisse nahm sein Kollege Uwe Harder vor. Wir dokumentieren das Plädoyer hier in Auszügen.

Zunächst ging Oberstaatsanwalt Uwe Harder auf die Opfer ein, auf Einzelschicksale.

»Wir denken an die Zeugin Freiwald, die schwanger war und sich aus Angst vor Missbildungen als Folge des Anschlags zur Abtreibung entschloss und noch heute psychisch darunter leidet.

Wir denken an den Zeugen Möhring, bei dem monatelang unklar war, ob sein Bein amputiert werden musste, der noch heute ein offenes Bein hat, schwer hört und vom Anschlag träumt.

Wir denken an die Zeugin Seiler, die erst Wochen nach der Tat wieder erwachte, die am ganzen Körper verbrannt war, der ihr halbes Bein weggerissen wurde, die fast vier Monate im Krankenhaus lag und heute zu 90 Prozent schwerbehindert ist.

Wir denken an den Zeugen Mirosch, dem seit der Tat das linke Bein fehlt und der praktisch taub ist.

Wir denken an den Zeugen Sims, der als Folge des Anschlags noch heute nachts durch seine Wohnung irrt und sich seit 15 Jahren weder in einen Zug noch in eine Diskothek getraut hat.

Wir denken an die Zeugin Johnson, die in ihren Albträumen die Toten an ihr Fenster klopfen hörte.«

Sodann ging Harder auf die »libyschen Urheber der Tat« ein. Die Ankläger sahen es wie vier Jahre zuvor bei der Anklageerhebung als bewiesen an, dass der Anschlag auf die Diskothek La Belle vom libyschen Auslandsnachrichtendienst initiiert wurde.

»Nach dem Inhalt des vom Bundesnachrichtendienst übermittelten Telex-Verkehrs zwischen der Geheimdienstzentrale in Tripolis und der libyschen Botschaft in Ost-Berlin in Verbindung mit den Angaben des Beschuldigten Rashid selbst in Tripolis ist nachgewiesen, dass dem zweiten Mann des libyschen Auslandsnachrichtendienstes (in Italien wegen gemeinschaftlichen Dissidentenmordes verurteilt und weltweit gesucht, heute Direktor des staatlichen libyschen Elektronikkonzerns) am 5. April 1986 mit den Worten ›um 1.30 Uhr heute früh hat die Durchführung einer der Aktionen mit Erfolg stattgefunden, ohne irgend eine Spur zu hinterlassen‹ der Vollzug des angeordneten Terroranschlags von der libyschen Botschaft gemeldet wurde.

Empfänger des eigentlichen Angriffsbefehls aus Tripolis am 25. März 1986 war der Botschaftsangehörige El Amin, heute Krankenhausdirektor in Libyen. Die Leitung der ›Aktion‹ erfolgte durch den Leiter der libyschen Konsularabteilung Keshlaf.

Die von den Zeugen Mehlis und Lehmann geschilderte Vorgehensweise der libyschen Behörden in Tripolis in Verbindung mit den hohen Verwaltungspositionen dieser Beschuldigten, die sich letztlich als staatliche Belohnung für deren terroristische Aktivitäten der Vergangenheit darstellt, zeigt jedoch auf, dass entgegen aller anderslautenden Beteuerungen auf staatlicher libyscher Seite noch immer keine glaubwürdige Abkehr vom Unrecht der Vergangenheit eingekehrt ist.«

Oberstaatsanwalt Harder beschrieb dann die Rolle des MfS.

»Noch ein Wort zu den Behörden der DDR, unter deren Augen der Anschlag vorbereitet und durchgeführt wurde. Hier hat die Beweisaufnahme erbracht, dass das MfS zumindest auf ›Arbeitsebene‹ durchaus bereit war, den Angehörigen der libyschen Botschaft Einhalt zu gebieten.« Jedoch seien die Mitarbeiter »von der Staatsführung behindert, wenn nicht sogar gehindert« worden.

»Den guten politischen und wirtschaftlichen Beziehungen zu Libyen wurde die Terrorismusbekämpfung geopfert.«

»Beschäftigen wir uns aber nun mit den derzeitigen Angeklagten. Zunächst mit Ali Chanaa: 1982 kam er als palästinensischer Bürgerkriegsflüchtling aus dem Libanon nach Berlin. Er fand in Ost-Berlin Kontakt zu seiner späteren Ehefrau, der Mitangeklagten Verena Chanaa. Als diese schließlich von ihm schwanger wurde und beide heiraten wollten, ergriff das MfS in erpressungsähnlicher Weise die sich bietende Gelegenheit und veranlasste beide, als sogenannte inoffizielle Mitarbeiter für die DDR zu spionieren, jedoch in jeweils höchst unterschiedlichen Richtungen. Während Ali Chanaa unter seinem Führungsoffizier Borchardt die Ost-Berliner ›Araberszene‹ unter Abwehrgesichtspunkten bespitzeln sollte, bestand die Aufgabe von Verena Chanaa darin, nach ihrer Eheschließung und Übersiedlung ihr persönliches Umfeld und später ihre ›Freier‹ für ihren Führungsoffizier auszuforschen.

Bei seiner MfS-Spionagetätigkeit geriet der Angeklagte 1984/85 an den Mitangeklagten Chraidi. Eine Person, für die sich das MfS unter Sicherheitsaspekten ›brennend‹ interessierte. Handelte es sich doch um eine Person, die im Westteil der Stadt wegen Mordes gesucht wurde, deren Auslieferung die Bundesrepublik Deutschland beantragt hatte und die nun unter anderem Namen als Angestellter des Libyschen Volksbüros in Ost-Berlin aufgetaucht war.

Aus Sicht des Angeklagten Chanaa war damit die Bekanntschaft zu Chraidi alias Yussef Salam bares Geld wert. Hinweise wurden vom Führungsoffizier Borchardt in Devisen bezahlt, der Angeklagte erhielt ein Mehrfachvisum und konnte sich ungestört seinen sonstigen ›Geschäften‹ in Ost-Berlin widmen.

Anfang März begann Chraidi schließlich auf Veranlassung seiner libyschen Hintermänner vor dem Hintergrund der Spannungen mit den USA konkrete Anschlagspläne gegen amerikanisches Militärpersonal zu entwickeln. Der Informationsbedarf des MfS wuchs und damit stieg auch der Wert von Chanaas Berichten.

Umgekehrt, und spätestens nach dem wohl tatsächlich durch die Informationen von Chanaa vereitelten Anschlag auf einen US-Militärbus, wurden Chraidi und der im März in Ost-Berlin eingetroffene Angeklagte Eter vorsichtiger.

Natürlich war den Diplomaten Chraidi und Keshlaf klar, dass sie unter Beobachtung des MfS standen. Ihnen war auch klar, zumindest vermuteten sie es, dass Ali Chanaa für das MfS arbeitete.

Was sagt uns der Angeklagte selbst zur Art und Weise seiner Beteiligung an der Tat, und vor allem: Wie und wann sagt er es?

Nach seinen Statements hier in der Hauptverhandlung, selbst hinsichtlich der einfachsten Fragen vorformuliert und Wochen später von seinen Verteidigern verlesen, habe er stets eine beobachtende (mithin strafrechtlich irrelevante) Rolle gespielt. Stets habe er versucht, das Schlimmste zu verhindern.

Ab Ende März 1986 habe er von konkreten Anschlagsplänen des Volksbüros, speziell der Mitangeklagten Chraidi, Eter und des libyschen Konsuls Ali Keshlaf erfahren. Ziele wären Lokale und zivile amerikanische Einrichtungen gewesen. Ohne speziellen Grund sei er in dieser Zeit, genau gesagt zum Abend des 4. April, von Chraidi in die Wohnung seiner schon seit längerem von ihm getrennt lebenden Ehefrau Verena einbestellt worden. Zu seiner großen Überraschung sei dann dort in der Küche von Eter und Chraidi eine Bombe zusammengebaut worden, die von seiner Ehefrau und deren Schwester in der Diskothek La Belle zur Explosion gebracht werden sollte und auch wurde. Er habe noch versucht, seine Ehefrau hiervon abzuhalten, aber ohne Erfolg.

Ansonsten habe er ›beobachtet‹ und sei zwischen Küche und Wohnzimmer, wo er mit seinem Sohn spielte, ›gependelt‹.

Dem MfS habe er hiervon nichts erzählt.

Der Angeklagte Eter stellt das Geschehen in jener Nacht anders, jedoch teilweise durchaus übereinstimmend dar. Auch Eter hat bereits im Ermittlungsverfahren zugegeben, sich in der Tatnacht gemeinsam mit den Eheleuten Chanaa und Chraidi, in der Wohnung Chanaa in der Lindenstraße aufgehalten zu haben.

Hier in der Hauptverhandlung hat er diese Angaben insoweit variiert, als seine eigene Verwicklung, ebenso wie die der Mitangeklagten Verena Chanaa und Chraidi deutlich zurückgenommen hat. Offensichtlich in dem Bemühen, nun von diesen Angeklagten Hilfestellung bei der Belastung von Ali Chanaa zu bekommen.

Auch nach seinen Angaben kam die Bombe jedoch aus der libyschen Botschaft in Ost-Berlin, lagerte auch nach seinen Angaben – entsprechend der Einlassung von Ali Chanaa – der mit Diplomatengepäck angelieferte Sprengstoff im Tresor des Botschaftskonsuls Keshlaf.

Auch nach seinen Angaben war der Initiator der Tat der Mitangeklagte Chraidi auf Veranlassung der im Ost-Berliner LVB angesiedelten El Amin und Keshlaf, diese wiederum gesteuert vom leitenden libyschen Nachrichtendienstoffizier Said Rashid in Tripolis, der den Anschlag mit Telex-Spruch vom 25. März 1986 befahl.

Abweichend und weitergehend als Ali Chanaa hat dieser Angeklagte die ›Arbeitsteilung‹ in der Wohnung Chanaa geschildert: Demnach hätten Ali Chanaa und Chraidi den Timer der Bombe eingestellt, und er selbst hätte ihnen die Anleitung mitgebracht, vorgelesen und erläutert. Später habe er im Auftrag von El Amin Geldzahlungen gegen Quittung an Ali Chanaa für dessen Ehefrau übergeben. Dies habe dieser auch mit ›Leyla‹ bzw. mit seinem eigenen Namen quittiert.

Eine dritte Version (als dritte Angeklagte) hat uns Verena Chanaa gegeben.

Sie hat sich zwar hier in der Hauptverhandlung nicht geäußert, jedoch – glaubhaft eingeführt durch den Zeugen Oberstaatsanwalt Mehlis – im Ermittlungsverfahren eine Darstellung der Ereignisse aus ihrer Sicht gegeben. Demnach hatte der Mitangeklagte Chraidi – und das ist wichtig – bereits einige Zeit vor dieser Tat versucht, sie zu einem Sprengstoffanschlag auf ein jüdisches Lokal zu überreden, was sie jedoch abgelehnt hätte. Die hier in Rede stehende Tat habe sie dann vor allem wegen ihres Ehemannes, dem Mitangeklagten Ali Chanaa, auf dessen Veranlassung und auf Drängen von Chraidi und Eter begangen.

Sie hätte sich im übrigen nicht vorgestellt, dass es so schlimm werden würde.

Ihrer Schwester, der Mitangeklagten Häusler, die sie gebeten habe mitzukommen, hätte sie im übrigen von allem nichts gesagt (...).«

Im weiteren ging Harder auf die Bedeutung des libyschen Volksbüros in der DDR-Hauptstadt für das Terrornetz ein: »Vollkommen zu Recht bezeichnete das amerikanische Außenministerium bereits vor der Tat die libysche Botschaft in Berlin (Ost) als terroristischen Stützpunkt. Es steht nach Überzeugung der Staatsanwaltschaft entsprechend der Anklageschrift im einzelnen fest, dass der hier Angeklagte Chraidi derjenige war, der im Auftrag der PFLP-GC (Volksfront für die Befreiung Palästinas) und des Geheimdienstes des Staates Libyen, hierbei insbesondere Said Rashid und El Amin gemeinsam mit dem gesondert verfolgten libyschen Botschaftsangehörigen Keshlaf, den Anschlag organisierte und bereits zuvor versucht hatte, weitere furchtbare Anschläge in Berlin durchzuführen.

Chraidi hatte im September 1984 einen libyschen Pass erhalten, der auf den Falschnamen Yousef Salam lautete und ihn fälschlicherweise als libyschen Staatsangehörigen auswies. Unter diesem Namen wurde der Angeklagte sodann an der libyschen Botschaft in Ost-Berlin als technischer Mitarbeiter untergebracht – eine offensichtliche Geheimdienstoperation. Es steht weiterhin fest, dass dieser Angeklagte Ende März 1986 als Folge der sich steigernden Spannungen zwischen Libyen und den Vereinigten Staaten von seinen libyschen Hintermännern angehalten wurde, einen Terroranschlag mit tödlichem Ausgang gegen amerikanische Staatsbürger zu begehen.

Es steht weiterhin fest, dass der Angeklagte Chraidi sich hierfür zunächst einmal nach geeignet erscheinenden Tätern umsah. Er dürfte hierbei recht schnell auf die Angeklagte Verena Chanaa gekommen sein, die folgende Vorteile bot:

1. Sie lebte in West-Berlin.

2. Chraidi kannte sie und vertraute ihr.

3. Sie war – auch aufgrund der Trennung von ihrem Ehemann – in Geldnot.

4. Sie kannte sich in der West-Berliner Diskoszene aus und konnte sich dort als deutsche Frau unauffällig bewegen.

Es steht weiterhin fest – aufgrund der unabhängig voneinander erfolgten Angaben der Angeklagten Eter und Chraidi, dass Chraidi sich im unmittelbaren Anschluss an die Tat telefonisch vom Palasthotel aus zu dieser bekannte, indem er entweder eine Zeitung oder die Polizei in Berlin (West) oder beide anrief.

Wie ist nun angesichts der auseinandergehenden Einlassungen der Angeklagten Ali und Verena Chanaa und Eter die terroristische Arbeitsteilung im einzelnen zu bewerten?

Da hier objektive Beweismittel zum Zusammenbau der Bombe nicht vorhanden sind, ist jede der drei uns vorliegenden Einlassungen auf ihre Zuverlässigkeit, ihre Glaubwürdigkeit und ihre Vereinbarkeit mit sonstigen Beweismitteln zu überprüfen. Die Generalstaatsanwaltschaft stützt sich dabei vor allem, wenn auch nicht ausschließlich, auf die Angaben des Angeklagten Eter im Ermittlungsverfahren, also in der deutschen Botschaft auf Malta und in Berlin.

Dies aus folgenden Gründen: der Angeklagte hat als erster dieser drei Angeklagten in schwieriger persönlicher Situation Angaben zum eigentlichen Kerngeschehen gemacht und dabei umfangreiches Täterwissen offenbart. Bis zur Aussage des Angeklagten vor dem deutschen Botschafter auf Malta, der ebenso wie Oberstaatsanwalt Mehlis und Kriminaloberrat Wilhelm diese Vernehmung inhaltlich und im äußeren Ablauf hier glaubhaft und nachvollziehbar als Zeuge geschildert hat, gab es in den Akten nicht die geringsten Anhaltspunkte dafür, dass die Bombe in der Küche der Eheleute Chanaa zusammengebaut worden war, dass der Mitangeklagte Ali Chanaa hierbei unmittelbar anwesend war und damit die Strafverfolgungsbehörden jahrelang und systematisch belogen hatte, und dass sich Verena Chanaa in Begleitung ihrer Schwester zum La Belle begeben hatte. Der Umstand, dass der gesondert verfolgte libysche Techniker Abuagela wenige Tage vor dem Anschlag zum Volksbüro kam und dort die Bombe konstruierte, war bis zur Aussage von Eter vollkommen unbekannt, wird jedoch durch die entsprechenden MfS-Unterlagen über seinen Aufenthalt zur Tatzeit in Ost-Berlin bestätigt.

Mittlerweile wissen wir, dass diese Person – ebenso wie Said Rashid – im sogenannten Lockerbie-Verfahren eine Rolle spielt.

Als erster hat auch der Angeklagte Eter den Quittungszetteln, die seinerzeit bei ihm in Ost-Berlin aufgefunden wurden, spontan und ohne Vorbereitungsmöglichkeit überhaupt erst einen Sinn gegeben, indem er sie als Belege der Teilzahlungen der Belohnung für Verena Chanaa, übergeben an deren Ehemann, identifizierte.

Ausweislich der botschafterlichen Malta-Vernehmung des Eter hat Eter von sich aus, also ohne Aktenkenntnis und Vorhalte, sowohl von diesen Geldzahlungen als auch von den hierfür von Ali Chanaa gegebenen Quittungen berichtet. Erst nach diesen Angaben wurden ihm die entsprechenden Quittungen vorgelegt und ihm damit als Akteninhalt bekannt. Eine Anpassung seiner Aussage an den Akteninhalt war damit ausgeschlossen.

Die ursprünglichen Aussagen des Angeklagten Eter beruhten auf der Unsicherheit über seine Zukunft und auf dem Wunsch, sich auf diese Weise einen dauerhaften, wenn auch für gewisse Zeit unfreien, trotzdem den ständigen persönlichen Kontakt zu seiner Familie ermöglichenden, lebenslangen Aufenthalt in Deutschland zu verschaffen.

An der Verwertbarkeit dieser und der sich in Berlin anschließenden Vernehmungen kann juristisch ernstzunehmender Zweifel nicht bestehen (...).

Ergänzend sei insoweit auch der Sachverständige Prof. Kröber erwähnt, der diesen Angeklagten als überdurchschnittlich intelligent, geistig wendig und als jemand, der abwägt und nicht leicht zu beeinflussen ist, charakterisiert hat.

Besondere Zuverlässigkeit kommt den ursprünglich gemachten Angaben des Angeklagten Eter auch deshalb zu, weil er hierbei nicht nur die Tat aufklärte, wie bereits erwähnt, bisher völlig unbekannte Details des Geschehens offenbarte, und dabei nicht nur Dritte, sondern in erheblichem Maße, und zwar, wie die Kammer in ihrem Eröffnungsbeschluss selbst festgestellt hat, bis zur Grenze der Mittäterschaft auch sich selbst belastete.

Der Zeuge Mehlis hat uns zudem geschildert und in seinem verlesenen Aktenvermerk niedergelegt, dass Eter auf Malta klipp und klar gesagt wurde, welche Konsequenzen ihm bei nachweislich unwahren Angaben drohen würden, nämlich zunächst einmal die, dass man ihm dann überhaupt nichts mehr glauben würde und die (nun tatsächlich eingetretene) Gefahr der Belastung durch Mittäter und Gehilfen.

All dies hat der fließend deutsch sprechende, intelligente damalige Beschuldigte, der ja schon vor seinem Aufenthalt in Berlin an der libyschen Botschaft in Bonn tätig war, in der DDR wegen der versuchten Schleusung seiner deutschen Ehefrau verhaftet und abgeschoben wurde, dann wieder nach Deutschland zurückkehrte, seit Jahren von einem Berliner Anwalt vertreten und beraten wurde, dem der Tatvorwurf der ›mittäterschaftlichen Beteiligung am Bombenanschlag‹ bereits vor Malta bekannt war, auch einwandfrei verstanden, begriffen und umgesetzt.

Im Gegensatz zum Angeklagten Eter und auch der Angeklagten Verena Chanaa stellt sich Ali Chanaa bei allen Aussagen und Erklärungen, die er jemals abgegeben hat, stets als unschuldig und als jemand dar, der immer noch versucht hatte, das Schlimmste zu verhüten. Immer waren an seinem Verhalten die anderen schuld (seine Ehefrau, die ihn an das MfS heranbrachte, das MfS, das ihn an das LVB heranbrachte, Eter und Chraidi, die ihn an die Tat heranbrachten und schließlich Polizei und Staatsanwaltschaft, die ihn zu seinen Falschangaben veranlassten).

Seine Angaben erfolgten nie spontan, sondern waren stets dem jeweiligen Ermittlungsstand angepasst. So ist nach unserer Überzeugung auch die nach 10 Jahren unterschiedlicher Vernehmungen und Erklärungen erstmals erfolgte Behauptung des Angeklagten Chanaa, er habe dem MfS in der Tatnacht sogar noch telefonisch das Anschlagsziel La Belle mitgeteilt, unwahr. Einen derartigen entlastenden Umstand behält kein sich äußernder Beschuldigter/ Angeschuldigter/Angeklagter zehn Jahre lang für sich. Hier liegt vielmehr die Vermutung nahe, dass es sich um eine nach anwaltlicher Beratung erfolgte, wieder einmal am Verfahrensverlauf orientierte Unwahrheit handelt.

Dies sind keine Vorwürfe gegen den Angeklagten Chanaa, dessen gutes Recht es ist, sich bei einer derartigen Tat mit allen ihm zur Verfügung stehenden Mitteln zu verteidigen. Es ist jedoch in gleichem Maße das gute Recht und vor allem auch die Pflicht der Anklagebehörde, bei derart widersprüchlichen Angaben eines Angeklagten zu erklären, dass ihm am Ende so gut wie nichts davon geglaubt werden kann.«

Nachdem Harder Ali Chanaa zur Strecke gebracht hatte, wandte er sich dessen Ex-Frau Verena Chanaa zu.

»Erst geraume Zeit nach der Belastung durch Eter und Ali Chanaa und ihrer darauf beruhenden Inhaftierung räumte diese Angeklagte ein, auf Veranlassung der beiden genannten und des Angeklagten Chraidi die Tasche mit der Bombe im La Belle abgelegt zu haben. Auch von diesen Angaben können aufgrund der Vorgeschichte der Aussage nur diejenigen Umstände geglaubt werden, durch die sich die Angeklagte selbst belastet und – soweit sie die Mitangeklagten belastet –, nur die Umstände, die durch weitere Beweismittel belegt sind.

Hierzu gehört die wichtige Behauptung der Angeklagten in ihrer Einlassung, der Mitangeklagte Chraidi habe sie schon einmal dazu benutzen wollen, einen Bombenanschlag mittels einer ferngezündeten Bombe – und zwar auf ein israelisches Lokal in Berlin (West) – zu begehen. Wie uns der Zeuge Frank, ehemaliger Führungsoffizier der Angeklagten, nachvollziehbar berichtete und wie er es auch seinerzeit zu Papier brachte, hatte Verena Chanaa ihm bereits 1985 von einem derartigen Ansinnen Chraidis berichtet. Zu jener Zeit hatte die Angeklagte aber keine Veranlassung, diesen Angeklagten zu unrecht zu belasten.

Diese glaubhafte Angabe belegt zweierlei:

1. Bereits vor dem hier in Rede stehenden Anschlag plante der in Diensten der libyschen Botschaft stehende Angeklagte Chraidi einen Bombenanschlag gegen ein Lokal in Berlin (West).

2. Die Angeklagte Chanaa wusste bereits vor dem Anschlag La Belle, dass Chraidi einen Bombenanschlag auf ein Lokal unter ihrer Einbindung plante.

Es war ihr als mit durchschnittlicher Intelligenz ausgestattetem Mensch völlig klar, dass mit diesem sogenannten Denkzettel für die amerikanischen Gäste nur eine todbringende Bombe gemeint sein konnte.

Unabhängig von den Angaben des Angeklagten Eter, der in seinen staatsanwaltschaftlichen Vernehmungen unseres Erachtens zutreffend und wahrheitsgemäß über die volle Kenntnis dieser Angeklagten von dem beabsichtigten Bombenanschlag berichtet hat, und unter Außerachtlassung der insoweit immerhin weitestgehend korrespondierenden Erklärungen des Angeklagten Ali Chanaa, steht damit fest, dass die Angeklagte Chanaa wusste, dass sie für den Mitangeklagten Chraidi eine tödliche Bombe in das La Belle brachte, und dass sie hierzu auch aus finanziellen Gründen bereit war. Sie wusste als jemand, der in den Kreis um das LVB eingebunden war, oder zumindest als jemand, der in dieser Zeit auch nur gelegentlich in die Zeitung sah, durchaus um die kriegsähnlichen Spannungen und Auseinandersetzungen zwischen Libyen und den USA.

Hier ernsthaft davon auszugehen, die Angeklagte, die jahrelang als Westagentin des MfS tätig war, wusste nicht, was sie tat, als sie in dieser Situation und auf Veranlassung dieses Personenkreises, insbesondere eben des Mitangeklagten Chraidi, einen etwa drei Pfund schweren Gegenstand in das La Belle einschleuste, durch zwar von ihr geleugnete, jedoch zwangsläufige Manipulation einer verbundenen elektronischen Einrichtung aktivierte und dort heimlich ablegte, verbietet sowohl der gesunde als auch der juristische Menschenverstand und wäre allenfalls nur bei totaler Schuldunfähigkeit der Angeklagten zu akzeptieren.

Hinzu kommt, dass der Angeklagten für die Anschlagsbegehung eine Belohnung versprochen und zumindest teilweise gezahlt wurde. Dieses hat bereits der Angeklagte Eter in seinen staatsanwaltschaftlichen Aussagen berichtet.

Dieses hat die Angeklagte selbst eingeräumt, es jedoch als eine Art Spende des Angeklagten Chraidi dargestellt – bestätigt durch handschriftliche Quittungen der Angeklagten und ihres damaligen Ehemannes, der (so nachvollziehbar der Angeklagte Eter) zumindest Teile des Geldes für seine Ehefrau von Eter in Empfang nahm.

Die Tatbeteiligung der hier Angeklagten stellt sich damit zusammenfassend wie folgt dar:

Der Angeklagte Eter: Er überbrachte dem Volksbüro die von Verena Chanaa gefertigte Auflistung potentieller Anschlagsziele einschließlich des La Belle. Er brachte im Auftrag der libyschen Botschaft die Anleitung zum Zusammenbau der Bombe in die Ehewohnung Chanaa. Er überwachte zumindest dort den Zusammenbau derselben durch Chraidi und Ali Chanaa (wie genau er dies tat, wird durch seine Beschreibung des Timers der Bombe hier in der Hauptverhandlung deutlich). Er überbrachte nach der Tat teilweise die vom Volksbüro zugesagten Geldzahlungen an Ali Chanaa.

All dies indiziert eine arbeitsteilige, längerfristig angelegte mittäterschaftliche Begehungsweise.

Der Angeklagte und seine Verteidigung haben es nicht vollbracht und wohl auch nicht vollbringen können, in irgendeiner Weise auch nur Anhaltspunkte dafür zu liefern, dass es trotz dieser eindeutig auf Täterschaft weisenden Indizien am Täterwillen beim Angeklagten Eter fehlte. Sich dann auch realisierendes Motiv für die Tatbeteiligung des Angeklagten Eter war die Erlangung des Diplomatenstatus an der libyschen Botschaft und damit die Möglichkeit, weiter in Berlin (Ost und West) bleiben zu können, wo der Angeklagte zum Zeitpunkt der Tat bereits eine feste Beziehung unterhielt. Zusätzlich sicher noch ein großes Maß an Abenteurertum.

Der Angeklagte Eter ist damit des gemeinschaftlichen Mordes überführt. Es liegen dabei die Mordmerkmale der Heimtücke und der Anwendung gemeingefährlicher Mittel vor.

Dem Angeklagten Eter und den übrigen Tätern war bewusst, dass die in der Nähe des Explosionsortes sich aufhaltenden Besucher des La Belle schutzlos und ahnungslos ihrem Angriff ausgesetzt sein würden. Wenn man berücksichtigt, dass sich die Diskothek in einem mehrstöckigen Wohnhaus befand und wenn man die Bilder vom Tatort sieht, ist es ohnehin ein Wunder, dass nicht noch viel, viel mehr Menschen umgekommen sind. Die fast 200 Verletzten der Tat hätten bei einem Einsturz des Gebäudes alle sterben können. Der Umstand, dass es sich bei der Bombe um ein gemeingefährliches Mittel handelte, bedarf keiner weiteren Erörterung.

Der Angeklagte Chraidi: Er beschaffte seinen libyschen Auftraggebern die unmittelbare Täterin. Er ist als Organisator des Anschlags anzusehen. Er war beim unmittelbaren Zusammenbau der Bombe beteiligt, und er gab der Täterin Verena Chanaa letzte Verhaltenshinweise. Wie sehr er sich die Tat zu eigen machte, so makaber es klingt: sie zu seiner Herzenssache machte, zeigt der Umstand, dass er sich schon frühzeitig mit einem Bombenattentat gegen Unschuldige beschäftigte (Stichworte: israelisches Restaurant, Militärbus), und es sich nicht nehmen ließ, sich eigenhändig telefonisch zur Tat zu bekennen, letztlich in seinem Bekanntenkreis sogar mit der Tat prahlte.

Tatsächlich war es auch dieser Angeklagte, der den Mitangeklagten Ali Chanaa in die unmittelbare Tatausführung verwickelte.

Natürlich war Chraidi bekannt, dass es sich bei Ali um einen Spitzel des MfS handelte. Er stellte ihn daher letztlich am Tatabend vor die Alternative mitzumachen, damit seine Loyalität unter Beweis zu stellen und an der wahrheitsgemäßen Berichterstattung gehindert zu sein, oder aus dem Kreis auszuscheiden – letzteres verbunden mit dem Verlust aller weiteren geldwerten zukünftigen Informationsmöglichkeiten für seine Auftraggeber bei der Stasi. Stattdessen wurden ja erst nach der Tat die ›Alba‹-Informationen für das MfS richtig interessant und wertvoll, was sich in erhöhter Bezahlung und in Sonderprämien ausdrückte.

Der Angeklagte Ali Chanaa: Wie soeben ausgeführt, beteiligte sich dieser Angeklagte an der Tat in der Weise, dass er unter Anleitung von Eter am Zusammenbau der Bombe, von der er wusste, dass sie zu einem todbringenden Terroranschlag benutzt würde, mitwirkte. Sein Interesse war dabei sicher nicht in erster Linie die möglichst schwerwiegende Realisierung der Tat, aber er sah seinen mittäterschaftlichen Tatanteil vor dem Hintergrund des weiteren Dabeiseins bei den vom libyschen Volksbüro – namentlich Keshlaf und Chraidi – geplanten Aktionen und deren Ausforschung an. Nur durch die Realisierung der Tat blieb er einerseits als Agent für das MfS wichtig und erhielt Geld; nur durch das Mitmachen blieb er andererseits für Chraidi, Eter u. a. vertrauenswürdig, gehörte weiter dazu und erlangte so weitere geldwerte Informationen für seinen Führungsoffizier.

Aus diesem Grund ist auch die Angabe des Angeklagten, er habe beim Bombenbau nur manchmal dabei gestanden, ansonsten mit seinem Sohn gespielt und nichts angefasst, vollkommen unglaubhaft: So verhält sich kein MfS-Agent in einer derartigen Situation – so durfte Chanaa sich auch aus Sicht der übrigen Tatbeteiligten nicht verhalten, war der Sinn seiner Anwesenheit aus deren Sicht doch die unmittelbare Teilnahme, das Einbinden in die Tat, um auf diese Weise zu verhindern, dass – wie es ja der Angeklagte Chanaa selbst in seiner staatsanwaltschaftlichen Stellungnahme als Äußerung Chraidis wiedergab – dass er quatsche.

Nach der Tat nahm der Angeklagte von Eter für seine Ehefrau bestimmte Geldzahlungen als Belohnung für den Anschlag entgegen, was nach unserer Meinung durch die in Augenschein genommenen Quittungen belegt ist.

Um die Bedeutung dieser Quittungen, von denen der Angeklagte Chanaa keine Kenntnis haben will, kommt man unseres Erachtens auch dadurch nicht herum, dass man ihnen einen anderen Zahlungszweck unterschiebt. Angesichts der insoweit klaren Angaben des Angeklagten Eter einerseits und des Angeklagten Chanaa andererseits ist dichterische Freiheit nicht gestattet.

Die Angeklagte Verena Chanaa: Sie notierte zunächst die möglichen Anschlagziele, legte die Bombe buchstäblich sehenden Auges und in Kenntnis dessen, was geschehen würde und geschehen sollte, ... in der Diskothek ab und verwickelte dabei noch ihre Schwester in die Tat.

Mag sie innerlich gehofft haben, dass es – wie sie selbst sagte – so schlimm nicht werden würde, hat sie doch mit direktem mittäterschaftlichem Mordvorsatz und mit Kenntnis der Mordmerkmale Heimtücke und gemeingefährliches Mittel gehandelt. Nur der Vollständigkeit halber sei erwähnt, dass Anhaltspunkte für eine eingeschränkte Schuldfähigkeit der Angeklagten nicht erkennbar sind.

Zwar mag die Angeklagte eine komplizierte Persönlichkeit haben und eine schwierige Person sein, sie mag zur Tatzeit vereinsamt gewesen sein und eine Schilddrüsenüberfunktion gehabt haben, jedoch hat der medizinische Sachverständige Prof. Kröber hier ausführlich und überzeugend dargelegt, warum die durchschnittlich intelligente Angeklagte in der Lage war und ist, Recht und Unrecht zu unterscheiden und sich entsprechend zu verhalten.

Ich will es auch noch einmal laienhaft sagen: Wer nach so einer Tat tanzen geht und anschließend zur Erholung nach Griechenland fährt, ist nicht schuldunfähig, sondern weiß genau, was er tut. Anhaltspunkte für eine fehlende oder auch nur eingeschränkte Schuldfähigkeit sind damit weder bei dieser noch bei den übrigen Angeklagten feststellbar.

Ohnehin gehen wir, wie bereits dargelegt, davon aus, dass die Angeklagte die Tat aus finanziellem Interesse beging. Es sei an dieser Stelle zusammenfassend nochmals in aller Deutlichkeit betont, dass es sich bei den Angeklagten Eter, Ali Chanaa und Verena Chanaa sowie Chraidi um Mittäter und nicht etwa nur um Gehilfen handelt.

Jeder dieser Angeklagten hatte auf seine Weise Tatherrschaft und Täterwillen. Wer, wie der Angeklagte Chraidi, schon zuvor aus Hass auf Israel und die Amerikaner versuchte, andere dazu zu bringen, ein israelisches Lokal mit einer Bombe in die Luft zu jagen, wer wenige Tage vor der Tat schon Maschinenpistolen und Handgranaten für einen Anschlag eigenhändig von Ost- nach West-Berlin transportiert hat, wer damit einen amerikanischen Militärbus beschießen will, wer nach der schon geschilderten direkten Tateinbindung sich auch noch telefonisch zu dem mörderischen Anschlag bekennt, macht sich die Tat zu eigen und ist kein am Rande stehender Gehilfe. Gleiches muss aus heutiger Sicht für den Angeklagten Eter gelten: Wer die Bedienungsanleitung für eine Bombe überbringt, wer eine schriftliche Auswahl von Anschlagszielen transportiert, wer sich nach der Tat mit den übrigen Tätern eine fröhliche Nacht macht, auf eine Ergebnismeldung im Radio wartet, sodann beim Bekenneranruf zumindest anwesend ist, will diese Tat auch als eigene.

Auch wer den Angeklagten Eter hier in der Hauptverhandlung erlebt hat, muss zu dem Ergebnis kommen, dass dieser Angeklagte niemand ist, der sich dem Willen anderer unterordnet, sondern selbstbewusst, eigenverantwortlich und gleichberechtigt handelt.

Andrea Häusler: Sie begleitete ihre Schwester in die Diskothek, wodurch der Vorgang noch unauffälliger erschien. Mit welchem Wissen sie dieses tat, war in diesem Prozess nicht zu klären. Die Angeklagte selbst hat sich nicht geäußert, die Angeklagte Verena Chanaa hat sich in ihrer staatsanwaltschaftlichen Vernehmung insoweit bedeckt gehalten, die übrigen Angeklagten konnten oder wollten hierzu nichts beitragen.

Andrea Häusler konnte in diesem Prozess mit der für eine Verurteilung erforderlichen Sicherheit damit keine strafrechtliche Schuld nachgewiesen werden. Man kann sich zu ihrer Rolle vieles denken. Nichts davon ist gut. Sie mag mit ihrer persönlichen Schuld selbst fertig werden. Zur Strafzumessung ist relativ wenig zu sagen.

Bei allen vier Angeklagten kommt die bei Mord obligatorische lebenslange Freiheitsstrafe zum Tragen. Allenfalls beim Angeklagten Eter, ohne den – und das soll hier noch einmal ganz deutlich gesagt werden – die Tat nicht aufgeklärt worden wäre, diese Hauptverhandlung so nicht stattgefunden hätte und es nicht internationale Haftbefehle gegen vier libysche Beschuldigte gäbe, wäre eine Kronzeugenregelung nach Frankfurter Muster (Fall Hans-Joachim Klein) denkbar.

Von aller juristischer Problematik einmal abgesehen, haben sich dieser Angeklagte und seine Verteidigung hierauf jedoch nicht einmal berufen, so dass auch wir keinen Anlass zur Vertiefung des Themas sehen.

Eine andere Strafmilderungsmöglichkeit ist derzeit nicht erkennbar.

Bei den Angeklagten Chraidi, Eter und Verena Chanaa ist zudem das Merkmal der besonderen Schwere der Schuld anzunehmen. Bereits die furchtbaren Folgen und die Art und Weise der Tatausführung (wahllose Tötung mehrerer Menschen nach dem Zufallsprinzip, versuchter Mord von über 100 Personen mit schwerwiegenden Verletzungsfolgen) indizieren dieses Merkmal. Hinzu kommt, dass alle Täter nicht nur das Mordmerkmal des Einsatzes gemeingefährlicher Mittel, sondern auch das der Heimtücke verwirklicht haben. Weiterhin haben die genannten Angeklagten durch ihre Tat noch den Tatbestand des Herbeiführens einer Sprengstoffexplosion im besonders schweren Fall, wiederum in mehreren Fällen, verwirklicht.

All dies rechtfertigt nicht nur die Annahme des besonders schweren Falls, sondern führt sie zwingend und unabdingbar herbei. Allein beim Angeklagten Ali Chanaa liegt nach Meinung der

Staatsanwaltschaft dieses Merkmal nicht vor: es muss davon ausgegangen werden, dass dieser Angeklagte tatsächlich erst kurz vor der Tat in die Realisierung des Anschlags aktiv eingebunden wurde und dass er bis dahin durch Hinweise an das MfS bemüht war, den Anschlag zu verhindern, bis er sich schließlich dem Willen insbesondere des Angeklagten Chraidi fügte.

Beleg für diese ambivalente Haltung des Angeklagten zur Tat ist der Hinweis des Angeklagten vom 29. März 1986, wonach für einen Anschlag nur die Disko in 1 Berlin 61, Hauptstr. 78 (also das La Belle) und der Bus in Frage kommen, obwohl – und dies ist typisch für die Widersprüchlichkeit der Angaben dieses Angeklagten – er noch im Jahre 1990 vehement bestritt, dass diese Angaben von ihm stammten (Insbesondere wusste ich nicht, dass die Diskothek La Belle als das geeignete Objekt ausgesucht worden ist.) ...«

Am Ende seines Vortrages forderte der Oberstaatsanwalt Uwe Harder für die fünf Angeklagten:

»Verena Chanaa, Youssef Chraidi, Ali Chanaa und Abulgasem Eter: Wegen gemeinschaftlichen Mordes in drei Fällen und versuchten Mordes in 104 Fällen sowie tateinheitlichen Sprengstoffverbrechens im besonders schweren Fall jeweils lebenslange Freiheitsstrafe, wobei bei den Angeklagten Eter, Chraidi und Verena Chanaa die besondere Schwere der Schuld zu bejahen und beim Angeklagten Chraidi die im Libanon erlittene Auslieferungshaft im Verhältnis 2:1 anzurechnen ist. Haftfortdauer mit der Maßgabe, dass der Haftbefehl bezüglich 1. des Angeklagten Eter wegen Beihilfe zum Mord durch einen solchen wegen Mittäterschaft zu ersetzen ist.

Andrea Häusler: Freispruch – Aufhebung von Haftbefehl und Haftverschonungsbeschluss.«

Das juristische Finale

Das Gericht folgte dieser Auffassung nicht.

Am 13. November 2001 verkündete es am 280. Verhandlungstag im Saal 700 des Berliner Kriminalgerichts das Urteil. Das Gebäude in der Turmstraße im Stadtteil Moabit war ein würdiger Ort für die Verkündung des Urteils.

Drei Buchstaben sind in die Bodenkacheln der Eingangshalle gebrannt. »KCG«. Koenigliches Criminalgericht. Schwungvoll wölbt sich darüber die Kuppel, eine der ersten Spannbetonkuppeln der Welt. Pfeiler streben auf, Balustraden kreuzen den Blick, Figuren aus Sandstein: Religion, Gerechtigkeit, Streitsucht, Friedfertigkeit, Lüge und Wahrheit. Sie schauen auf den Besucher in diesem machtvollen Treppenhaus, das der Volksmund »Elefantenhaus« getauft hat. Aufstieg in die mit Schnitzwerk reich geschmückten Verhandlungssäle. Hier sitzen die Staatsanwälte am Fenster und die Angeklagten gegenüber, damit sich ihr Gesicht gut beobachten lässt, wenn sie ins Helle schauen. So war es 1906, als Wilhelm Voigt alias Hauptmann von Köpenick kurz nach der Fertigstellung des gewaltigen Gebäudes sich hier vor Gericht verantworten musste. So war es noch im La-Belle-Prozess.

Der Kaiser hatte sich einen Palast für Recht und Gesetz gewünscht. Aber der Vorschlag, ein Gottesauge solle jedem Besucher entgegenblitzen, der in die riesige Eingangshalle des neuen Moabiter Kriminalgerichtes tritt, erschien selbst ihm übertrieben. Wie einen Bannstrahl wollten die Architekten die Sonne in einem runden Fenster an der Südseite einfangen und auf die Treppen richten. Doch Wilhelm II. bevorzugte den etwas weniger sakralen Entwurf: Eine Halle, 29 Meter hoch, 27 Meter breit, mit ausladenden Treppen wie in Barockschlössern, war in seinen Augen majestätisch genug, um das Volk von des Gesetzes Strenge zu überzeugen. Viele sind seitdem die Stufen zu den Gerichtssälen hinaufgegangen. Andere, die in Untersuchungshaft saßen, wurden durch versteckte Flure und Tunnel zur Anklagebank geführt. Seit neunzig Jahren ist dies Alltag an der Turmstrasse in Moabit. Würden all die außergewöhnlichen Geschichten und Schicksale niedergeschrieben, die hier verhandelt wurden, man könnte Hunderte Romane füllen. Der Monsterprozess um den Anschlag auf La Belle bildet darin ein Kapitel.

Moabit hat diesem Gebäude seinen Namen gegeben. »Ich muss nach Moabit« – das heißt für die Berliner: Anklage, Zeugenschwüre, Urteilsprüche. Das Karree zwischen Turmstrasse, Alt-Moabit und Rathenower Strasse ist seit mehr als 114 Jahren ein Ort der Justiz. Hier entstand von 1877 bis '82 das alte Kriminalgericht, ein Palast aus roten Backsteinen im Stil der Neorenaissance. An seiner Rückseite wurde das Moabiter Untersuchungsgefängnis angebaut, davor ein Symbol der Macht postiert: Ein Loewe, der die Schlange zertritt. Bis 1943 erfüllte der monumentale Gerichtsbau seinen Zweck, doch in einer Bombennacht brannte er zur Ruine aus und wurde später abgerissen. Es blieb ein zweiter, großer Justizbau in der Nachbarschaft, der im Jahre 1906 eröffnet worden war: das neue Kriminalgericht. Preußischer Barock, zwei 60 Meter hohe Türme, wie Klippen vor die 210 Meter lange Front zur Turmstrasse gesetzt. Dahinter ist bis heute Platz für das Landgericht Berlin und das Amtsgericht Tiergarten.

Die Orientierung fällt allerdings schwer. Schon damals wirkte das Kriminalgericht auf den ersten Blick wie das Labyrinth des Minotaurus.

Endlose Korridore, Treppen, Seitengänge. Hunderte Zimmer, rund 22 Gerichtssäle, deren Zahl bis heute, nach mehreren Erweiterungen, auf mehr als 60 angewachsen ist. Und buchstäblich hinter den Kulissen, versteckt zwischen den starken Innenmauern, ein System weiterer Treppenhäuser, Tunnel und Flure. Diese heimlichen Wege hat man mit gutem Grund so eifrig ausgeklügelt: Durch sie werden die Gefangenen aus dem nahen Untersuchungsgefängnis, getrennt vom Publikum, direkt in die Verhandlungssäle geführt. So war es vor 90 Jahren. So ist es noch heute.

Auch Yasser Chraidi, Ali Chanaa, Musbah Eter, Verena Chanaa und Andrea Häusler fanden an diesem Morgen getrennt voneinander den Weg aus dem Untersuchungsgefängnis in die panzerglasgeschützten Anklageboxen des Verhandlungssaales.

Die Scharfschützen auf dem Dach des Kriminalgerichts an der Moabiter Turmstraße kündigten das Ereignis für scharfe Beobachter gut sichtbar an. Straßensperren, Personenkontrollen, Lautsprecheransagen am frühen Morgen wiesen darauf hin, dass es sich um eine brisante Angelegenheit handelt. 15 Jahre nach der Tat, vier Jahre nach dem Prozessauftakt und 179 weiteren Verhandlungstagen, verkündete der Vorsitzende Richter Peter Marhofer unter strengen Sicherheitsvorkehrungen das Urteil im La-Belle-Prozess.

Sind 14 Jahre Haft für einen Bombenanschlag viel oder wenig? Reichen zwölf Jahre aus? Das Urteil löste zwiespältige Gefühle aus. Verbittert nahmen die Opfer den Urteilsspruch der fünf Richter entgegen. Lediglich Verena Chanaa, die die Bombe in die Disko gebracht hatte, wurde wegen dreifachen Mordes und 104-fachen versuchten Mordes verurteilt. Den drei am Anschlag beteiligten Männern, Yasser Chraidi, Ali Chanaa und Musbah Eter, konnte das Gericht lediglich Beihilfe nachweisen. Sie kamen dadurch um lebenslange Haftstrafen herum. Musbah Eter und Ali Chanaa erhielten jeweils zwölf Jahre Haft. Das Gericht wertete die Geständnisse der beiden strafmildernd. Yasser Chraidi muss 14 Jahre hinter Gitter. Andrea Häusler erhielt einen Freispruch.

Auch nach vier Jahren Prozessdauer blieb nach Auffassung des Gerichts vieles über die Hintergründe unklar. Der Justiz ist nicht gelungen, mit letzter Sicherheit jedem Einzelnen die konkrete Mordtat nachzuweisen. Sicher ist, dass alle fünf am Anschlag beteiligt waren, wer aber am Zusammenbasteln der Bombe in der Küche der Chanaa-Wohnung Hand an den Sprengsatz gelegt hatte, konnte für das Gericht nicht zweifelsfrei festgestellt werden. Daher entschieden sich die Richter im Zweifel für die Angeklagten. Der Berliner Generalstaatsanwalt Dieter Neumann kündigte an, in Revision zu gehen.

»Bei dem Anschlag auf die Diskothek La Belle handelte es sich um eines der heimtückischsten Verbrechen der deutschen Geschichte«, leitete Peter Marhofer seine Urteilsbegründung am Morgen des 13. November 2001 ein. Die Täter seien skrupellos mit dem Ziel vorgegangen, möglichst viele Unschuldige zu treffen. Mehr Parallelen zu den Anschlägen des 11. September 2001 nannte er nicht.

Bis in den Nachmittag hinein begründete Marhofer das Urteil der Kammer. Sicher ist, dass alle Angeklagten am fraglichen Abend in der Wohnung in der Lindenstraße anwesend waren. Das reicht für eine Verurteilung der fünf Angeklagten mit Ausnahme von Andrea Häusler aus.

Bedächtig, fast schon ein wenig müde, legte Peter Marhofer die Auffassung des Gerichts dar. Während der vergangenen vier Jahre hat er sich zusammen mit seinen Kollegen der 39. Großen Strafkammer ausschließlich dem Fall gewidmet. Während ein derartiger Anschlag noch vor 100 Jahren einen Krieg ausgelöst hätte, führt er heutzutage in Mammutprozesse wie diesen. Der Aktenberg, die politischen und persönlichen Interessen der Beteiligten machen solche Unterfangen zu fast unbezwingbaren Aufgaben. Marhofers Gesicht am Ende des Monsterverfahrens verriet, dass der Prozess auch das Gericht an seine Grenzen gebracht hat.

Gerade für die Opfer ist das Urteil schwer zu verstehen. Fünf Menschen bastelten in einer Wohnung eine Bombe zusammen, zwei der Anwesenden bringen sie in die Diskothek, wo sie noch in derselben Nacht explodiert – viel deutlicher können die Planung und Durchführung eines Terroraktes nicht aufgeklärt werden. Dennoch reichte dieses Wissen nicht aus, um die Täter auch als Täter zu verurteilen.

Das Urteil ist ein Erfolg für die Verteidiger und eine Niederlage für die Staatsanwaltschaft. Vielleicht ahnte Oberstaatsanwalt Detlev Mehlis das Desaster. Er blieb der Urteilsverkündung am 13. November 2001 fern – obwohl er von Beginn an, also seit 1986, mit den Ermittlungen des Falles beauftragt war.

Sein Verhältnis zum Gericht war spätestens seitdem getrübt, als der Vorsitzende Richter Peter Marhofer das von Eter gegenüber Oberstaatsanwalt Mehlis abgegebene Geständnis auf Malta für nicht verwertbar erklärte. Die Verteidiger hatten den Mordvorwurf für ihre Mandanten stets bestritten.

Ihre Prozesstaktik hatte darin bestanden, möglichst wenig aus eigener Schilderung zur Klärung des Falles beizutragen. Chraidi hat während des ganzen Verfahrens kein Wort von sich gegeben. Die Geständnisse von Ali Chanaa und Musbah Eter hatten sich gerade in den Schilderungen der Tatnacht widersprochen, so dass das Gericht kein klares Bild erhielt. In wesentlichen Punkten folgte das Gericht der Sichtweise der Verteidiger.

Ironie des Schicksals: Als erster der vier zu Haftstrafen Verurteilten wird voraussichtlich ausgerechnet derjenige auf freien Fuß gelangen, der jahrelang als mutmaßlicher Haupttäter des Anschlages galt, der Mitglied der palästinensischen Terrororganisation PFLP-GC war und bereits vor dem La-Belle-Anschlag unter Mordverdacht gesucht wurde: Yasser Chraidi. Seit 1992 sitzt der bullige Palästinenser in Untersuchungshaft, seine Haftzeit in Libanon rechnete ihm das Gericht im Verhältnis eins zu drei an. Vermutlich dreieinhalb Jahre nach dem Urteil endet damit seine Haftstrafe von 14 Jahren.

Im Gegensatz dazu ist Verena Chanaa, die genau wie ihre Schwester kaum eigene politische Überzeugung zur Tat brachte, die einzige, die wegen Mordes verurteilt wurde.

Ein fader Nachgeschmack

Es blieb ein fader Nachgeschmack zurück.

Mit dem Urteil gegen die fünf Angeklagten im La-Belle-Prozess war die juristische Aufarbeitung vorerst beendet. Die politische und diplomatische Arbeit begann erst. Jetzt hat auch ein deutsches Gericht festgestellt, dass die Urheberschaft des Anschlages auf den libyschen Geheimdienst, die libysche Regierung, vielleicht sogar direkt auf den schillernden Potentaten des Wüstenstaats, Muammar el Gaddafi, zurückzuführen ist. Der Fall stellt sich als Akt des Staatsterrorismus dar, dem zahllose Unschuldige zum Opfer fielen.

Schon unmittelbar nach dem Anschlag hatte der damalige amerikanische Präsident Ronald Reagan von »unumstößlichen Beweisen gesprochen«, die auf Libyen als Urheber des Anschlages wiesen. Kurz vor der Tat gab der libysche Geheimdienst sein ausdrückliches Einverständnis für einen Anschlag gegen amerikanische Einrichtungen in Berlin. Wenige Tage später wurde der Plan blutige Realität. Es handelte sich dabei um eines der heimtückischsten Verbrechen der deutschen Nachkriegsgeschichte. Wenn auch das Ausmaß des Attentats mit dem Anschlag auf das World Trade Center vom 11. September nicht vergleichbar ist, so gibt es dennoch Parallelen. Auch die Bombenexplosion in der Berliner Diskothek richtete sich gegen die Vereinigten Staaten. Dabei sollten möglichst viele Unschuldige verletzt oder getötet werden. Damals wie heute kam die Sprache auf den weltweiten Terrorismus, der die Herausforderung der kommenden Jahre darstellt. Nach den fürchterlichen Anschlägen in New York, die fast 5000 Todesopfer forderten, erreichte diese Herausforderung jedoch eine bis dahin nicht wahrgenommene Brisanz.

Die Leiden der Opfer gingen über die erlittenen körperlichen Verletzungen hinaus. Bis heute warten die 230 Überlebenden und die Angehörigen der drei Todesopfer auf eine angemessene Entschädigung. Außer ein paar warmen Worten erhielten die zum

Teil schwerverletzten Besucher der Diskothek bislang ein Paar neue Hosen und 150 Mark. Nicht die Politik, sondern die Hilfsorganisation »Weißer Ring« setzte sich nach dem Anschlag für die Opfer ein.

Aus dem Urteil lässt sich zweierlei ableiten. Zum einen muss das bundesdeutsche Auswärtige Amt endlich seine Zurückhaltung aufgeben, die es bislang für das Ansinnen der Opfer an den Tag gelegt hat. In vergleichbaren Fällen hat Libyen die Zahlung von Entschädigungen in Millionenhöhe für die Opfer und die Hinterbliebenen zugesagt. Voraussetzung dafür war jeweils ein energisches Vorgehen der Diplomatie. Ein solches Vorgehen ließ Deutschland bislang nicht erkennen. Es gab in den vergangenen eineinhalb Jahrzehnten keinerlei Anstrengungen, Druck auf Libyen auszuüben, um Gaddafi ein ähnliches Versprechen abzuringen.

Die La-Belle-Opferhilfe lief jahrelang im internen Schriftverkehr des Auswärtigen Amtes sogar unter dem Vermerk »geringe Priorität«. Dieser Skandal erhielt nie die öffentliche Aufmerksamkeit, die er verdient hätte.

Auch das Gericht kritisierte das Vorgehen der Bundesregierung. Möglicherweise hätten sich die Erkenntnisse über eine direkte Beteiligung Gaddafis bestätigt, hätte die Bundesregierung den Beteiligten der Protokollaffäre nicht einen Maulkorb verpasst. Sie durften im Prozess nicht als Zeugen aussagen. Verbittert nahm das Gericht das als die größte Enttäuschung des Prozesses zur Kenntnis. Auch der Bundesnachrichtendienst (BND) und die amerikanische Sicherheitsbehörde NSA verweigerten dem Gericht die Mitarbeit. Politische Interessen standen im Fall La Belle offenbar vor dem Wunsch, den Anschlag aufzuklären.

Dabei stehen die Zeichen für ein Einlenken Libyens günstig. Gaddafi hat sich öffentlich vom Terrorismus losgesagt und strebt die Rückkehr in den Schoß der Weltgemeinschaft an. Nichts spricht dagegen, seine Aufnahme an die Forderung nach Wiedergutmachung zu knüpfen, um die Ernsthaftigkeit seines Ansinnens zu prüfen. Die Feststellung der Richter, zumindest der libysche

Geheimdienst sei für den Auftrag des Anschlages verantwortlich, reicht dafür aus.

Der zweite Schluss, der aus dem La-Belle-Urteil zu ziehen ist: eine Änderung des deutschen Entschädigungsrechts ist dringend notwendig. Von den schnell dahin geworfenen Worten der »unbürokratischen Hilfe« bleibt in der Realität nichts übrig. Jedes Opfer einer Straftat muss in Deutschland den steinigen und langen Weg des Zivilrechts einschlagen, um seine Peiniger zu Schmerzensgeld oder Wiedergutmachung zu bewegen.

Das hilflose Schulterzucken der Politik in solchen Fällen ist ein Versagen des Rechtstaates. Als geradezu zynisch ist daher der Beschluss des Gerichts anzusehen, einer der beiden Frauen, die die Bombe in die Diskothek gebracht haben, eine Entschädigung für die erlittene Untersuchungshaft zuzusprechen.

Wenn die Politik es mit dem Schutz der Bevölkerung ernst meint, darf sie nicht ausgerechnet bei den Opfern wegsehen und sie sich selbst überlassen. Der Staat steht in der Pflicht, sich wenigstens jetzt, 15 Jahre nach dem Anschlag, für die Interessen der Opfer einzusetzen. Alles andere ist eine Verhöhnung der Betroffenen, die sie erneut zu Opfern macht.

Anatomie eines Terroranschlages

»Welch ein aufwühlendes Schauspiel ist die Geschichte! Macht sie sich nicht einen teuflischen Spaß daraus, die Absichten der Individuen zu durchkreuzen?

Die Menschen scheinen Akteure in einem Stück zu sein, dessen Handlung sich ihnen entzieht. Sie schmieden Pläne, sie begeben sich voller Eifer ans Werk, aber der Weg dorthin ist mit ungewollten Konsequenzen gepflastert, die ihrem Vorhaben entgegen stehen.«

Der französische Philosoph Michel Lacroix hat sich auf die Spuren des Bösen in der Welt gemacht. Seit Jahrtausenden fragen sich die Menschen, welchen Zweck das Böse in der Welt erfüllt. Wenn es einen Gott gibt, warum lässt er all die grausamen Schicksalsschläge geschehen? Wenn es keine übergeordnete Macht gibt, ist das Böse am Ende die heimlich treibende Kraft des Weltgeschehens? An der Beantwortung der Fragen scheiterte Generation um Generation immer wieder aufs Neue. Lacroix macht hingegen im 21. Jahrhundert einen grundsätzlichen Wandel aus: »In Wahrheit ist es eine ganz andere Sorge, die unseren Geist derzeit beschäftigt. Man kann den Paradigmenwechsel, der sich in unseren Tagen vollzieht, dahingehend zusammen fassen, dass die Geschichtsbetrachtung zugunsten der Schuldfrage von der Sinnfrage abrückt.« Die Frage richtet sich nicht mehr auf das Warum, sondern lautet: Wer hat Schuld?

Die Konzentration auf die Schuldigen stellt die Protagonisten in ein anderes Licht. Sie werden aus ihrem historischen Zusammenhang gelöst und zu Emblemen des Bösen stilisiert. Saddam Hussein, Muammar el Gaddafi und Osama bin Laden stehen in der westlichen Welt für die Aggression gegen eine freiheitliche Ordnung, während westliche Staatsmänner, allen voran der US-amerikanische Präsident, im Nahen Osten als Feind des Islam gelten. Die Bezeichnung der Schuldigen führt zu Gesten der Reue. Zu den bereits genannten Demutsbekundungen im ausgehenden

20. Jahrhundert zählt auch das US-amerikanische Bekenntnis, die Versklavung der verschleppten Afrikaner zu bereuen. Gesten der Reue dienten in mediendominierten Demokratien der moralischen Reinwaschung.

So lange sich die Gegner im Nahost-Konflikt solchen plakativen Gesten entziehen, erscheint trotz aller Friedensbemühungen von beiden Seiten eine Lösung des Nahost-Problems so fern wie das Zerschlagen des gordischen Knotens.

La Belle – oder die Anatomie eines Terroranschlages. Das Spiel der Zufälle machte eine Berliner Diskothek zum Schauplatz der Geschichte. Es ist ein blutiges Kapitel. Wie in einem Brennglas bündelte sich in dem Tanzlokal im April 1986 für einen Moment die weltpolitische Spannung. Der Untergang des kommunistischen Machtzentrums im Osten und die damit einhergehenden erdrutschartigen Veränderungen machten den Blick auf bis dahin ungesehene Zusammenhänge frei. Die Aufklärung des La-Belle-Anschlags ist ein einzigartiges Dokument dieses Wandels.

Es besteht wenig Hoffnung, dass eine wie auch immer geartete Weltordnung Terroranschläge in Zukunft verhindern kann. Im Gegenteil. Der individuelle Bürgerkrieg hat die Krisenzentren der Dritten Welt verlassen. Hans Magnus Enzensberger beschreibt in seinem Essay über die »Aussichten auf den Bürgerkrieg« den Abschied von einer friedlichen Illusion vor unserer Haustür: »Es kommt uns so vor, als spiele sich der unverständliche Kampf in großer Entfernung ab. Aber das ist eine Selbsttäuschung. In Wirklichkeit hat der Bürgerkrieg längst in den Metropolen Einzug erhalten. Seine Metastasen gehören zum Alltag der großen Städte, nicht nur in China, Johannesburg, in Bombay und Rio, sondern auch in Paris und Berlin.«

Das Gemeinwesen in den reichen ehemaligen Industrienationen ist in Auflösung begriffen. Ob Rassenunruhen in Los Angeles oder London, Gebietskämpfe rivalisierender Banden in Moskau und Wien oder marodierende Skinhead-Horden – der molekulare Bürgerkrieg ist längst Alltag. »Was hier wie dort auffällt, ist zum einen der autistische Charakter der Täter und zum anderen ihre Unfähigkeit, zwischen Zerstörung und Selbstzerstörung zu unterscheiden. In den Bürgerkriegen der Neuzeit ist jede Legitimation verdampft.« Das Fazit Enzensbergers in der Analyse der neuzeitlichen Bürgerkrieger ist vernichtend: »Als Grundregel galt (früher), dass der Herausforderer, ob Samurai oder Westernheld, Verbrecher oder Rebell, sich mit einem möglichst starken oder gefährlichen, mindestens aber ebenbürtigen Gegner zu messen hatte. Heutigen Gewalttätern sind solche Vorstellungen fremd. Man könnte meinen, ihre Ehre hieße Feigheit; aber das wäre eine Überschätzung. Schon die bloße Unterscheidung von Mut und Feigheit ist ihnen unverständlich. Auch das ist ein Zeichen für Autismus und Überzeugungsschwund.«

In einer immer mehr von globalen Strukturen geprägten Welt kommt es entscheidend auf das Bestehen elementarer sozialer Bindungen an, um das Zusammenleben erträglich zu gestalten.

Grundsätzliche Gedanken über das Böse in der Welt und die Deutung in Philosophie und Geschichte hat Michel Lacroix in einem Buch angestellt (»Das Böse«, Bergisch Gladbach, 1999). Ebenso grundsätzlich zu diesem Thema ist Hans Magnus Enzensbergers Essay »Aussichten auf den Bürgerkrieg« (Frankfurt am Main, 1993). Entscheidende Hinweise für das amerikanische Selbstverständnis verdanken wir dem Buch des Amerikanisten und Herausgebers Frank Unger (»Amerikanische Mythen. Zur inneren Verfassung der Vereinigten Staaten«, Frankfurt am Main, 1988). Die Autoren werfen darin Schlaglichter auf die Grundlagen des US-amerikanischen Selbstverständnisses. Dieses Buch sei jedem empfohlen, der einen Blick hinter die Fassade des Coca-Cola-Amerikanismus werfen möchte. Die These der ausschwärmenden Abschreckung ist darin umfassend beschrieben. Der US-amerikanische Militärschlag »El Dorado Canyon« ist vor allem von Militärhistorikern beschrieben worden. Die wenigsten Darstellungen sind allerdings zugänglich. Für mehr Informationen ist ein Blick ins Internet nützlich. Auf zahlreichen Homepages von Veteranenvereinigungen sind einzelne Erlebnisberichte gesammelt. Das gleiche gilt für die Eigenart des politischen Verhältnisses zwischen Libyen und den USA. Analysen und Reportagen aus den jeweiligen Krisenregionen finden sich unter anderem auf der Homepage des »Institute for Counter Terrorism« unter www.ict.org.

Peronenregister

Abdullah II., König von Jordanien
    106, 108
Abuagela (libyscher Techniker) 120
Achek, Mustafa 27
Agca, Ali 30
Aker, Khaled 60
Albright, Madeleine 79
Arafat, Yasser 23, 59, 106, 108
Armitage, Richard Lee 107
Ashur, Mohammed 28
Azzarouk, Rajab 71

Beecher-Stowe, Harriet 52
Bond, James 51
Borchardt, Dieter 34 f., 42 f., 115 f.
Botha, Piet W. 63
Boyne, Walter J. 74
Brandt, Willy 63
Broek, Hans van den 72
Burt, Richard 14
Bush, George W. 104 ff., 108 ff.
Bush, Laura 105

Captain Robot 61
Cardin, Pierre 52
Carré, John Le 82
Chanaa, Ali 16-25, 28 f., 31 ff., 36,
    44, 46, 95, 97, 112, 115-130, 133,
    135
Chanaa, Verena 17 f., 21 f., 23 f.,
    29, 31 ff., 43 ff., 95, 97, 115 ff.,
    119 ff., 123 ff., 127-130, 133, 135
Chanaa, Wesam 22 f., 29, 44
Chirac, Jacques 101
Chiemlorz (Beamter des Staatsschut-
    zes) 35
Chraidi, Yasser (alias Youssef Salam)
    17 f., 25-29, 31-46, 60, 97, 112,
    115-119, 122-126, 128 ff.
Chrobog, Jürgen 103 ff., 107 ff.
Clinton, Bill 79
Craxi, Bettino 72
Crowe, William 67 f.

Dalkami, Hafez 60
Denali, Gebril 28
Dickens, Charles 97 f.
Diepgen, Eberhard 14

Ehrig, Hans-Joachim 101 f., 110
Elamin, Elamin 37, 40, 114, 117 f.
Enzensberger, Hans Magnus 140 ff.
Eter, Musbah Omar Abdulgasem 16,
    28 f., 31-34, 36-42, 45 f., 60, 83
    bis 86, 95-98, 103, 113, 116-130,
    133, 135

Fischer, Joschka 101, 105, 107
Fletcher, Yvonne 106
Ford, Kenneth 13
Frank (MfS-Führungsoffizier, Zeuge)
    123
Franz Ferdinand, Erzherzog von
    Österreich 30
Freeman, Cathy 63
Freiwald (Zeugin) 113

Gaddhafi, Muammar 6, 14, 16, 47,
    49-62, 66 ff., 70 f., 74, 78 f., 91,
    136 f., 139
Gaddafi, Mohammed 55, 62
Gaddafi, Saadi 55
Gaddafi, Saif Islami 106, 109
Gaddafi, Aische 55 ff.
Gaddafi, Hana 56
Genscher, Hans-Dietrich 14
George, Steve 8 ff.
Goan, Birgitt 42
Goins, James E. 13
Gorbatschow, Michail Sergejewitsch
    72
Griffin, Thomas 65 f.
Grundig (MfS-Offizier) 24, 26

Habasch, George 59
Häusler, Andrea 29, 32, 45, 96 f.,
    118, 128 ff., 133 f.
Hamadi (Libyer) 36
Hampel, Verena (siehe
    Chaana,Verena)
Haney, Nermin 13
Herder, Dr. Gerhard 64
Harder, Uwe 113 ff., 118, 122, 130
Hinckley, John 30
Hodok, Axel 105
Honecker, Erich 14, 64
Hussein, Saddam 57, 139

Idris as-Senussi, Mohammed, König
    von Libyen 55

Ischinger, Wolfgang 107

Jabber, Abu (Libyer) 36
Jackson, Alfred 13
Jackson, Michael 10
Jallud, Abdul 56
Jabber, Abu 36
Jibril, Ahmad 25, 58-61
Johannes Paul II. 30
Johnson, Edwina 114

Kähne, Volker 87
Keshlaf, Ali 18, 28, 34, 37, 93, 114, 116 f., 126
Khaled (algerischer Rai-Sänger) 55
Klein, Bradley S. 76
Klein, Hans-Joachim 129
Klopsch, Manuela 37 f., 40
Kohl, Helmut 14, 104
Korpal, Manon 83, 85 f.
Kratsch, Günter 89, 91
Kröber, Hans-Ludwig 121, 127
Kwizinski, Julij 81

Lacroix, Michel 139, 142
Laden, Osama bin 139
Lawson, Richard 67 f.
Lehmann (Zeuge) 114

Maigné, Stephan 101 f.
Mahmoud (Libyer) 36
Mandela, Nelson 56
Marhofer, Peter 28, 109 f., 133 ff.
Meehan, Frank 64
Mehlis, Detlev 87, 94 f., 98, 110, 112 ff., 118, 120 f., 134 f.
Melvin, "Big Man" 8-11
Mirosch (Zeuge) 114
Mitterand, Francois 72
Möhring, Heino 13, 100, 113
Mounier (Libyer) 36
Müller, Harald 75
Musa, Essayed 83

Nasser, Gamal Abdel 53, 92
Neumann, Dieter 107 f., 133
Neville Brothers 10
Nidal, Abu 27, 58

Othman, Mohamed 83, 85

Perez de Cuéllar, Javier 72

Piethe, Dieter 13, 72 f.
Powell, Colin 77 f., 104, 106, 110
Powers, Gary 82
Price, Charles 69
Princip, Gavrilo 30
Putin, Wladimir 106

Rashid, Said 114, 117 f., 120
Reagan, Ronald 14, 30, 48, 53, 66 bis 69, 101, 136
Reagan Nancy 66
Rice, Condoleezza 104, 110
Rogers, Bernhard 14
Rushdie, Salman 61

Sadat, Anwar 53
Saleh Hadba (Libyer) 36
Sanchez, Ramiro »Carlos« 30, 58
Sayaf, Abu 61 f.
Schalk-Golodkowsky, Alexander 89, 94
Schmücker, Ulrich 28
Schröder, Gerhard 104, 106 f., 110 f.
Schtscharansky, Anatoly 82
Schulz, Andreas 105 f., 110
Seiler, Heike 114
Sims, Robert 114
Sparwasser, Sabine 107, 109
Stahl, Alexander von 87
Steiner, Michael 104-107, 109 ff.
Steinmeier, Dr. Frank-Walter 108
Summer, Donna 10

Thatcher, Margret 69
Tietmeyer, Hans 60
Trube, Gerd 95

Unger, Frank 142

Verrett, Bianca 11
Voigt, Wilhelm (der Hauptmann von Köpenick) 131
Volmer, Ludger 107

Weller, Dietmar 92
Washington, George W. 77
Weinberger, Caspar 70
Weinrich, Johannes 112
Wiegand, Rainer 28, 88-91, 93 f.
Wilhelm (Kriminaloberrat) 120